Hokus-Pokus, Polli und Co

Ortrud Schneider

Hokus-Pokus, Polli und Co

Bibliografische Information der Deutschen Nationalbibliothek:
Die Deutsche Nationalbibliothek verzeichnet diese Publikation in der
Deutschen Nationalbibliografie; detaillierte bibliografische Daten sind im
Internet über < http://dnb.d-nb.de > abrufbar.

© 2008 Ortrud Schneider
Satz, Umschlagdesign, Herstellung und Verlag:
Books on Demand GmbH, Norderstedt
ISBN: 978-3-8334-8832-0

»Für meine beiden großen Jungs Marco und Daniel
und ganz besonders für meine kleine Prinzessin Carina,
in der Hoffnung, dass eure Wünsche in Erfüllung gehen.
In Liebe Mama«

Inhalt

Als Laras Bär weinte

Lara ist sechs Jahre alt und sie hat ein Bärenmädchen, das Lena heißt. Lara hat Lena überall dabei. Wenn sie mit dem Auto unterwegs ist, wird Lena neben ihr angeschnallt. Wenn sie draußen spielt, sitzt Lena an einem sicheren Platz und schaut ihr zu. Im Kindergarten ist sie auch immer dabei und in ihrem Bett sowieso. Lara kann überhaupt nicht schlafen, wenn Lena nicht da ist. Obwohl Lenas Fell schon etwas struppig ist und Mama das Kleidchen schon reparieren musste, ist Lena für Lara das schönste Bärenmädchen, das es überhaupt gibt, und ihre beste Freundin sowieso.

Vor ein paar Tagen malte Lara vor ihrem Haus mit Straßenkreide ein Hüpfspiel auf den Bürgersteig. Lena saß auf der Mauer und sah zu. Da kam ein Mädchen die Straße entlang.
»Hallo«, sagte sie.
»Hallo«, antwortete Lara und malte weiter.
»Ich bin Dorothea«, sagte das Mädchen. »Wohnst du hier?«
»Ja«, antwortete Lara. »Da!« Sie zeigte auf ihr Haus. »Ich bin Lara.«
»Wir wohnen da hinten in dem neuen Haus«, sagte Dorothea.
»Willst du mitmachen?«, fragte Lara. »Man versucht, einen Stein auf ein Kästchen zu werfen …« Weiter kam Lara nicht.
»Weiß ich selbst, aber so einen Kinderkram spiele ich nicht mehr, schließlich komme ich nach den Ferien in die Schule! Da spielt man andere Sachen«, sagte Dorothea hochnäsig. Plötzlich sah sie Lena und fing an zu lachen. »Ha, wer ist das denn? Na, der ist aber hässlich! Sag nur, du spielst noch mit einem Teddybären!

Nicht zu glauben! Wenn du meine Freundin werden willst, musst du aber ein bisschen erwachsener werden!«

Lara ärgerte und schämte sich gleichzeitig. Lena war nicht hässlich, aber ein wenig kindisch kam sie sich jetzt schon vor. »Ich muss jetzt rein!«, sagte sie, nahm Lena und ging.

Drinnen sah sie sich Lena genau an. Irgendwie hatte Dorothea Recht, schön war Lena nicht mehr, aber sie hatte sie so lieb, wie sie war, und sie hatten schon so viel zusammen erlebt. Trotzdem, war sie nicht wirklich zu alt für einen Teddybären?

»Mama?«, fragte sie. »Bin ich zu alt, um mit einem Teddy zu spielen?«

»Nein, mein Schatz«, sagte Mama. »Für das, was einem Spaß macht, ist man nie zu alt. Und zudem glaube ich, dass Lena sehr traurig wäre, wenn du sie nicht mehr brauchen würdest.«

Lara ging in ihr Zimmer und setzte Lena in den Puppenwagen. Lena sah irgendwie traurig aus. Lara war auch traurig, aber das, was Dorothea gesagt hatte, ging ihr nicht mehr aus dem Kopf. Heute Abend würde Lara versuchen, ohne Lena zu schlafen.

Als sie in ihrem Bett lag, fehlte ihr Lena. Sie war so weich und warm und irgendwie hatte Lara dann keine Angst mehr, weil sie daran glaubte, dass Lena sie beschützte. Sie drehte sich zur Seite und sah Lenas traurige Augen. Lena wollte zu Lara ins Bett und verstand nicht, warum sie auf einmal alleine im Puppenwagen sitzen musste. Lara drehte sich weg. Ihr kamen die Tränen, aber sie wollte tapfer sein, schließlich kam auch sie nach den Ferien in die Schule und Schulkinder spielen nicht mehr mit Bären.

Sie konnte es nicht ertragen. Ihr war, als wenn Laras Augen Löcher in ihren Rücken brennen würden. Sie stand auf und warf Lena in den Kleiderschrank. Dann legte sie sich wieder hin und hatte ein schlechtes Gewissen. Geht man so mit einer alten Freundin um?

Da kam Mama ins Zimmer. »He, was ist denn hier los? Wird heute nicht geschlafen? Hast du Ärger oder Probleme? Du weißt doch, dass du uns alles sagen kannst.«

Da fing Lara an zu weinen. »Es ist wegen Lena und Dorothea …«

»Was ist mit Lena?«, fragte Mama. »Hast du sie verloren? Sollen wir dir suchen helfen? Und wer ist Dorothea?«

»Ich habe Lena nicht verloren, nicht richtig … Und Dorothea ist ein Mädchen, das in das neue Haus gezogen ist. Sie hat gesagt, dass ich zu alt sei, um mit einem Teddy zu spielen. Und jetzt schäme ich mich vor Dorothea, weil sie ja Recht hat, und vor Lena, weil ich sie in den Schrank geworfen habe. Ich mache immer alles falsch! Ich dache, wir könnten vielleicht Freundinnen werden, aber Dorothea will nur eine Freundin, die nicht so kindisch ist wie ich. Also muss ich erwachsener sein oder alleine bleiben.«

Mama hörte sich die Sache in Ruhe an. Sie stand auf und kramte Lena aus dem Schrank. »Lara, erwachsen wirst du von selbst. Irgendwann brauchst du Lena nicht mehr, aber erst dann, wenn du selbst entscheidest und nicht irgendjemand es sagt. Ich denke, Dorothea ist auch nicht so erwachsen, wie sie gerne sein würde. Und Freunde, die einen nicht so mögen, wie man ist, sind sowieso keine Freunde. Auf Dauer kann man sich nicht verstellen. So, und nun nimm Lena in den Arm und versuch' zu schlafen!«

»Sie mag mich bestimmt nicht mehr, nachdem ich sie in den Schrank gesteckt habe«, sagte Lara.

»Na ja, nett war das ja nicht gerade, dass du deine beste Freundin gegen ein Mädchen tauschen wolltest, das du überhaupt noch nicht kennst. Aber ich denke, sie verzeiht dir bestimmt.«

Lara nahm Lena in den Arm. Ihr Fell fühlte sich irgendwie feucht an.

»Mama? Können Stofftiere weinen?«

»Vielleicht«, sagte Mama.

Am nächsten Morgen war alles wieder so, wie immer. Lara nahm Lena mit ins Bad, setzte sie neben sich auf den Stuhl in der Küche, nahm sie mit raus zum Spielen. Lara war glücklich und Lena auch.

Lara spielte gerade im Sand, als Dorothea an den Zaun kam.

»Hallo, Lara!«, rief sie. »Na, wieder beim Babyspiel? Haha, ihr seht zu komisch aus!«

Doch diesmal schämte sie Lara nicht. Sie stand auf, stemmte die Hände in die Hüften und sagte mit fester Stimme: »Wenn du nicht so hochnäsig wärst, könnten wir ja Freundinnen werden. Aber so kann ich auf dich verzichten, weil ich Lena habe und immer haben werde. Sie mag mich so, wie ich bin, und ich mag sie so, wie sie ist!« Dabei schaute sie Dorothea fest in die Augen. Die bekam einen roten Kopf. Lara tat sie nun schon fast ein bisschen leid. Zur Versöhnung sagte sie: »Wenn du magst, kannst du reinkommen, aber nur, wenn wir nicht zu kindisch sind.«

»Darf ich wirklich mitspielen?«, fragte Dorothea.

»Klar, kein Problem.«

»Wartest du auf mich? Ich muss nur schnell daheim Bescheid sagen. Ich komme gleich wieder«, sagte Dorothea und rannte davon.

Gleich darauf war sie wieder da. Und wen brachte sie mit?

»Das ist Susi, meine Lieblingspuppe. Ich habe sie vorgestern in die Spielkiste geworfen, weil ich dachte, Schulkinder würden nicht mehr mit Puppen spielen. Aber ich habe sie vermisst und jetzt bin ich froh, dass sie wieder da ist. Darf sie auch mitspielen?«

»Ja, super!«, sagte Lara. »Dann sind wir ja zu viert. Darf ich sie mal halten?«

»Natürlich, aber sie hat nasse Haare. Ich weiß nicht, warum. Können Puppen eigentlich weinen?«, fragte Dorothea nachdenklich.

»Vielleicht«, sagte Lara und lächelte.

Das Glühwürmchen

Das Glühwürmchen Luise
saß in der Sonne auf einer Wiese.
Damit mich jeder sehen kann,
denkt sie, mache ich mein Lichtchen an.

Doch in dem hellen Sonnenlicht
sah man ihr kleines Lichtchen nicht.
Achtlos gingen die Menschen vorüber,
Luises Laune wurde immer trüber.

Sie flog auf eine Margerite,
setzte sich grad in die Mitte
und hoffte, dass man sie dort sah –
und tatsächlich, das Wunder geschah.

Ein kleines Mädchen rannte über die Wiese
und plötzlich sah es diese
Margerite mit Luise.

Mama, schau dir mal das Käferchen an,
wie das so schön leuchten kann!
Luise strahlte gleich noch mehr.
Bei Freude zu strahlen, fällt ja nicht schwer.

Darf ich es mitnehmen? Bitte, Mama, sag nicht nein!
Ein Glühwürmchen im Garten, das wäre doch fein.

So kam Luise in des Mädchens Garten
und dieses konnte es kaum erwarten,
bis abends dann das Licht ausging
und Luise vorm Fenster zu leuchten anfing.

Der Knochen

Zwei Hunde, einer groß und einer klein,
die gingen einst so ganz allein
in einem Park spazieren.
Und so, als sollte es so sein,
fand der Kleine ein Knöchelein.

»Oh, ein Knochen!«, rief er. »Ich bin ein Entdecker!
Der schmeckt mir bestimmt sehr lecker.
Ich lass dir was übrig, ich teile mit dir,
schließlich sind wir ja gemeinsam hier.«

»Du teilst mit mir?«, rief der Große voll Zorn.
»Ich traue wohl nicht mehr meinen Ohr'n?
Ich bin hier der Größte, der Knochen ist mein!«
Der Kleine denkt: Wie ist der gemein!

Während der Große überlegt, wo soll ich den Knochen vergraben,
um mich später daran zu laben,
kommt ein dritter Hund an dem Platz vorbei
und schwuppdiwupp, ganz nebenbei
schnappt der sich den Knochen und verschwindet damit
ganz schnell im Gebüsch, damit man ihn nicht mehr sieht.

Der große Hund nur sprachlos schaut,
dass der andere sich so etwas traut.
Ihm, dem größten Hund im Revier,
klaut der einfach seine Beute hier.

Der kleine Hund sieht's mit Vergnügen.
Er ist schadenfroh, ohne zu lügen.
Tja, das ist Schicksal, mein lieber Knecht,
aber einem Neidhammel geschieht so was recht.

Der Regenwurm

Ein Regenwurm mit Namen Fritz,
der fraß sich durch den Boden.
Und wie er so mampft, denkt er sich: Ich spitz'
jetzt einmal kurz nach oben.

Hier unten ist es kalt und feucht
und dunkel ist es auch.
Dort oben ist die Sonn', die leucht',
und mancher Baum und Strauch.

So krabbelte er aus seinem Loch
und freute sich am Leben.
Wie schön ist es hier, so warm und hell!
Da fing der Boden an zu beben.
Eine Hühnerschar rannte auf ihn zu,
der Fritz, der dachte nur: Nanu?
In der Erde ist es nicht so schön wie hier,
doch sicherer, mein Freund, das glaube mir.

Eine innere Stimme riet ihm: Hau ab!
Beeil' dich, los, die Zeit wird knapp!
Blitzschnell verschwand der Fritz in der Erde
und die ganze Hühnerschar
schaute nur noch dumm
auf dem leeren Boden rum.

Als die Äpfel ihr Ä verloren

Der Wind sauste schon eine ganze Weile durch die Straßen, immer darauf aus, jemanden zu ärgern. Zwei älteren Herren hatte er bereits die Hüte von den Köpfen gepustet, auf einem Balkon den Wäscheständer umgeworfen und am Kiosk die Zeitungen durcheinander gewirbelt. Jetzt war er auf der Suche nach einem neuen Opfer, dem er einen Streich spielen konnte.

Er kam an einem Lebensmittelgeschäft vorbei, vor dem eine große Kiste mit Äpfeln stand.

»He, ihr Äpfel!«, rief er. »Soll ich euch mal ein bisschen durcheinander werfen?«

»Lass das!«, riefen die Äpfel. »Das schaffst du sowieso nicht! Du hast es ja auch nicht geschafft, uns vom Baum zu werfen.«

Na, das werden wir noch sehen, dachte der Wind und blies seine Backen ganz dick auf. Er rüttelte und schüttelte mit aller Kraft an der Kiste, doch die Äpfel hielten sich gut aneinander fest, so dass ihnen nichts passieren konnte.

»Siehst du, Wind, du schaffst es nicht!«, riefen sie und lachten ihn aus.

Darüber ärgerte sich der Wind sehr. Er überlegte, wie er die Äpfel jetzt necken könnte. Plötzlich fiel sein Blick auf das Schild, welches an der Apfelkiste hing: »Äpfel – 1 Kilo 1,49 Euro«

Da hatte er eine Idee. Er holte tief Luft und pustete das Ä von dem Schild.

»Tja, meine Lieben, ab heute heißt ihr nur noch *Pfel*. Und nun noch viel Spaß!« Dann sauste er davon und wirbelte das Ä vor sich her.

Die Äpfel waren sprachlos.

»Wer kauft uns denn nun noch?«, jammerten sie dann. »PFEL? Kein Mensch weiß, was das ist und wie das schmeckt! Oh je, oh je! Wir wollen unser Ä wiederhaben!«

Doch der Wind war mit dem Ä bereits verschwunden.

Da kam der kleine Max daher. Er hörte die Äpfel weinen.

»Na«, sagte er, »was ist denn mit euch los? Ihr seid doch so schön frisch und knackig. Warum heult ihr denn?«

»Schau mal auf unser Schild! Was steht da drauf?«

Max las vor: »P-F-E-L!« Und noch einmal: »P-F-E-L! Was sind *Pfel*? Ich dachte, ihr seid Äpfel? *Pfel* kenne ich nicht. Wie schmecken die denn?«

»Siehst du, genau deshalb sind wir traurig. Wir sind nämlich leckere Äpfel, aber weil wir uns vom Wind nicht durcheinander wirbeln ließen, hat er unser Ä weggepustet. Und nun sind wir *Pfel* und keiner kennt uns!« Die Äpfel fingen erneut an zu weinen.

Max überlegte, wie er helfen könnte.

»Ich schaue mal, ob ich euer Ä finde«, sagte er und marschierte los.

In der nächsten Straße sah er es tatsächlich auf einer Wiese liegen. Er lief hin, doch gerade als er danach greifen wollte, pustete es der Wind ein Stück weiter. Max bückte sich erneut, aber der Wind pustete wieder. So ging das eine ganze Weile, bis es Max zu bunt wurde.

»He, Wind!«, rief er. »Gib mir das Ä zurück! Die Äpfel sind traurig. Was hast du davon, wenn sie nun in ihrer Kiste verfaulen, weil niemand *Pfel* kaufen will?«

»Ist mir doch egal!«, sagte der Wind. »Hauptsache, ich hatte meinen Spaß!« Und hui, pustete er das Ä in den nahen Bach. Dort schwamm es nun – verloren für immer. Der Wind lachte hämisch: »Ach, Max, noch viele Grüße an die *Pfel*!« Dann sauste er davon.

Max ging traurig zurück.

»Leider konnte ich euer Ä nicht retten, aber ich überlege mir, wie ich euch helfen kann, versprochen!«

Dann ging er nach Hause. Dort hatte er eine gute Idee. Schnell borgte er sich bei seinem Papa den dicken wasserfesten Stift und lief zurück zu dem Geschäft.

»Max, hör auf!«, riefen die Äpfel, als er den Rest des Schildes ohne Ä auch noch abmachte. »Jetzt haben wir ja überhaupt keinen Namen mehr! Oh je, oh je, es wird ja immer schlimmer!«

»Wartet doch erst einmal ab, bis ich fertig bin!«

Er schrieb mit dem Stift das Wort »Äpfel« direkt auf das Holz der Kiste – schön groß und sehr ordentlich und ohne Fehler. Max war sehr stolz auf sich.

»So, jetzt kann der Wind pusten, so viel er will! Jetzt bleiben alle Buchstaben dort, wo sie sind.«

Die Äpfel freuten sich riesig, denn sie waren wieder das, was sie sein wollten: knackige, frische Äpfel.

»Danke, Max!«, riefen sie. »Das vergessen wir dir nie!«

»Schon okay«, sagte Max. »Ich muss jetzt aber schnell heim. Ich glaube, es gibt Sturm.«

Damit hatte er ganz Recht, denn der Wind hatte alles beobachtet und ärgerte sich nun mächtig, dass der kleine Max ihn überlistet hatte. Er verwuschelte Max' Haar, zerrte an seiner Jacke und blies ihm in die Hosenbeine hinein – bis, ja, bis ein kleines Wölkchen auftauchte und den Wind zur Sonne bestellte.

Der Wind ließ aber von Max nicht ab.

Plötzlich kam ein Sonnenstrahl, umfasste den Wind und zog ihn fort. Der Wind ahnte, dass dies nichts Gutes bedeutete.

Die Sonne hatte schon den ganzen Tag das Treiben des Windes beobachtet. Bis zu der Geschichte mit den Äpfeln konnte sie ja über seine Streiche schmunzeln, aber was zu viel war, war zu viel.

»Hör mal, mein Lieber, du magst doch Buchstaben …«

»Ja …«, antwortete der Wind leise.

»Schau mal, was ich hier für dich habe«, sagte die Sonne und hielt das Ä der Äpfel hoch.

»Aber … aber …«, stotterte der Wind. »Aber das ist doch in den Bach gefallen …«

»Du hast es mit Absicht in den Bach gepustet, damit Max es nicht aufheben kann! Aber ich habe es aus dem Bach wieder rausgeholt. Da aber Max eine tolle Idee hatte und die Äpfel ihr Ä nicht mehr brauchen, ist es nun übrig. Und da dachte ich mir, wir hängen es an deinen Namen dran – nur so zum Spaß, versteht sich.«

Der Wind war sprachlos. »An meinen Namen? *Windä?* Wie hört sich das denn an? Das kannst du nicht machen! Kein Mensch weiß dann mehr, wer ich bin!«, sagte er und fing an zu heulen.

»So, so! Haben wir das nicht heute schon einmal gehört? Und dir hat das gar nichts ausgemacht. Warum sollte es mir nun etwas ausmachen? Vielleicht findet sich ja jemand, der dir helfen kann, dein überflüssiges Ä wieder loszuwerden?«

»Bitte, Sonne, nimm es wieder weg! Ich mache so etwas auch nie wieder! *Windä* hört sich doof an!«

»Und wie hörte sich *Pfel* an?«

»Noch doofer …«, sagte der Wind kleinlaut.

»Gut«, sagte die Sonne, »ich gebe dir noch eine Chance! Ich habe gerade gesehen, dass der kleine Max mit seinen Freunden zum Drachensteigen geht. Du sorgst jetzt für einen milden, gleichmäßigen Wind, damit die Drachen der Jungs gut fliegen! Und heute Abend ist die komplette Wäsche, die die Leute rausgehängt haben, trocken! Verstanden?«

Der Wind nickte und trollte sich.

»Ach, Wind?«, rief die Sonne ihm noch nach. »Das Ä hebe ich noch eine Weile auf, falls du noch einmal übermütig wirst.«

Die Katze und die Fliege

Am Fenster in der Sonne,
da liegt ne dicke Katz,
sie schnurrt und fühlt sich richtig wohl,
denn dies ist ihr Platz.

Sie denkt: Wie gemütlich ich hier doch liege!
Da nähert sich ihr eine Fliege,
die landet grad auf Miezes Ohr.
Der kommt dieses komisch vor.

Nur Unfug hat die Fliege im Sinn.
Die Katze nimmt's ne Weile hin.
Der Fliege Bestreben ist es, die Katze zu necken,
die fängt derweil an, sich die Pfoten zu lecken.

Der Mieze Warnung verraucht im Wind.
»Mich kriegst du nicht!«, summt die Fliege.
»Ich bin zu geschwind.«

Ein unbedachter Augenblick –
und die Fliege verlässt das Glück.
Ihr leises Wehklagen
verstummt nun in der Katze Magen.

Am Fenster in der Sonne,
da liegt ne dicke Katz,
die schnurrt und fühlt sich richtig wohl,
denn dies ist ihr Platz.

Die sprechende Socke

Benni stapfte in sein Zimmer. Er schloss die Tür und schon flog in hohem Bogen der erste Schuh durchs Zimmer und dann der zweite gleich hinterher. Danach ringelte er mit dem großen Zeh des einen Fußes die Socke am anderen Fuß zusammen und schoss das so entstandene Sockenknäuel durch die Luft. Zack! Auf dem Schrank gelandet und somit in Sicherheit! Die zweite Socke hatte nicht so viel Glück, sie landete im Mülleimer.

Benni legte sich gerade gemütlich auf sein Sofa, als er eine Stimme hörte. »Findest du das eigentlich in Ordnung?«

Benni sah zur Tür, doch da war niemand, am Fenster auch nicht. Kommt ja auch im vierten Stock eher selten vor ...

»He, du alter Schlamper! Ich hab dich was gefragt!«

Benni war fertig. Irgendjemand in seinem Zimmer sprach mit ihm, doch er konnte ihn nicht sehen. Sehr sonderbar!

Benni war es unheimlich zumute. »Wer ... wer ... wer spricht da?«, fragte er etwas ängstlich.

»Na ich, deine Socke auf dem Schrank! Wer denn sonst?«

»Na klar, wer denn sonst, wenn nicht die Socke auf dem Schrank«, erwiderte Benni. »Ich spreche immer mit meinen Socken!« Dann brach er in schallendes Gelächter aus. Das war ja wirklich zu albern! Er saß auf dem Sofa und sprach mit einer Socke! Nein, eigentlich sprach die Socke mit ihm! Wenn das nur mal keiner mitkriegt!

»Also, Strumpf, was willst du von mir?«

»Was ich von dir will? Ich will zum Beispiel, dass du meinen Bruder Hans aus dem Mülleimer holst! Morgen früh trägt deine Mutter den Müll in die Tonne und Hans ist weg, für immer. Los, beweg' deinen Hintern und hol' ihn aus dem Mülleimer!«

›Hans‹, dachte Benni, ›meine Socke heißt Hans?‹ Er schüttelte den Kopf. Die Ansage kam jedoch so bestimmend, dass Benni nicht zu widersprechen wagte. Artig zog er Hans aus dem Müll und warf ihn auf die Erde.

»HANS liegt auf der Erde. Ist es so recht, gnädiger Herr? Oh, wie war noch gleich Euer Name? Vielleicht Erwin oder Georg?«, spöttelte Benni.

»Deinen Spott kannst du dir sparen! Mein Name ist Franz. Und noch etwas: Nein, wir sind noch nicht fertig, denn was soll ich auf dem Schrank, wenn Hans auf dem Boden liegt? Nimm mich bitte runter und stülpe mich mit Hans zusammen! Und dann trägst du uns in den Wäschekorb, wo benutzte Socken hingehören!«

»Weißt du, Franz, was mich mal interessieren würde: Warum schiebst du hier so einen Stress? So etwas gab es ja noch nie!«

»Tja, mein lieber Benni, das kam so: Vor Kurzem war Hans schon einmal für einige Tage verschwunden und ich landete in einem Körbchen auf der Waschmaschine, so, wie alle anderen Socken, die ihre Brüder verloren haben. Man kam so ins Gespräch …«

Benni konnte es immer noch nicht fassen: Die Socken auf der Waschmaschine kamen miteinander ins Gespräch? ›Wenn ich das jemandem erzählen würde, glauben würde das niemand.‹ Er schüttelte erneut den Kopf.

»He, Schlamper! Hörst du mir überhaupt zu?«, riss ihn die Stimme von Franz aus seinen Gedanken.

»Ja, ja! Sprich nur weiter!«, meinte Benni.

»Also, wie wir uns so unterhalten, musste ich hören, dass der Herr Benni derjenige im Haus ist, der seine Socken am übelsten behandelt. Im Klartext: Von den 17 einzelnen Socken gehören ganze 15 dir! Das bedeutet: 15 auseinander gerissene Brüder, die sich wahrscheinlich niemals wiedersehen! Und zudem muss deine

Mutter andauernd neue Socken kaufen! Findest du das alles in Ordnung?«

Benni dachte nach. Er hatte sich eigentlich noch nie Gedanken über seine Socken gemacht. Nun tat er es.

»Hallo? Franz ruft Schlamper! Kannst du mich hören? Ich warte auf eine Antwort!«

»Ja, reg' dich nicht auf! Ist ja schon gut! Nein, ich finde es nicht in Ordnung, aber ich habe auch noch nie darüber nachgedacht. Ich werde dich jetzt mit Hans zusammengestülpt in die Wäschetruhe bringen und morgen nach der Schule werde ich mich in meinem Zimmer umsehen, ob ich nicht vielleicht doch noch ein paar einzelne Freunde von dir finde. Ist das okay?«

»Ja, das hört sich gut an, aber nur, wenn du es auch tust! Versprich es mir!«

»Ja, ich verspreche es dir. Aber nur unter einer Bedingung: Nenn' mich nicht immer *Schlamper*!«

»Gut, ab sofort bist du Benni. Und wenn du dein Versprechen einhältst, bist du ja auch kein Schlamper mehr!«

Benni hielt sein Versprechen. Und tatsächlich, es tauchten sechs einzelne Socken in seinem Zimmer auf! Eine steckte noch in den Winterstiefeln, eine lag hinter einem Buch im Regal, eine unter der Matratze, eine in seinem Schulranzen, eine hinter dem Regal und eine im Piratenschiff.

Alle landeten jetzt dort, wo sie hingehörten.

Bennis Mutter staunte nicht schlecht, dass auf einen Schlag jede Menge vermisster Socken wieder auftauchten. Und die waren froh, wieder zusammen zu sein …

Die Froschhochzeit

Am Weiher im Wald, da geht es heut rund,
die Frösche tun ihre Hochzeit kund.
Die Libellen tragen ihr schönstes Kleid,
sie schimmern blau und silbern, man sieht sie von weit.

Die Hochzeitstorte, mit Fliegen garniert,
wird von Herrn Heuschrecke serviert.
Mäuse, Käfer und auch Schnecken –
jeder lässt es sich gut schmecken.

Das Froschpaar schaut sich strahlend an,
ab heute sind sie Frau und Mann.
Von den Fischen wird Musik gemacht.
Es wird gesungen, getanzt und gelacht.

Die Stunden vergehen wie im Flug,
so langsam hat ein jeder genug.
Die Füße tun weh und müde ist man auch,
vom vielen Essen schmerzt der Bauch.

So neigt sich ein schöner Tag dem Ende,
man schüttelt dem Brautpaar noch einmal die Hände.
Gut gelaunt ziehen die Gäste nach Haus
und damit ist die Feier aus.

Der kleine Zauberer Hokus-Pokus

Seit Tagen hingen in der Stadt Plakate: »*Einmalig in unserer Stadt! Der große Zauberer Hokus-Pokus gastiert für eine Woche im Theater am Ufer. Lassen Sie sich diese einmalige Chance nicht entgehen!*« Der Direktor des Theaters, Herr Fritz Stein, war ganz aus dem Häuschen, dass es ihm gelungen war, gerade diesen Zauberer für sein Theater zu verpflichten. Dies hatte mehrere Gründe: Zum einen war Herr Stein selbst ein großer Fan von Hokus-Pokus und zum anderen bescherten ihm dessen Auftritte ein ausverkauftes Haus. Er hatte also allen Grund, sich zu freuen.

Dann nahte die erste Vorstellung. Mittags bei der Generalprobe lief noch alles wie am Schnürchen.

Langsam füllte sich der Zuschauerraum. Herr Stein war ganz aufgeregt. Auf der Bühne stand ein Tisch mit einem Zylinder. Der Vorhang ging auf und Herr Hokus-Pokus erschien. Das Publikum applaudierte. Herr Hokus-Pokus zauberte drauflos. Er löste Ketten in ihre Einzelteile auf, er zauberte bunte Bänder aus dem Zylinder – mal verknotet, mal lose – und er goss Wasser in Zeitungstüten. Dann sollte der große Moment kommen: Er wollte ein weißes Kaninchen aus dem Zylinder zaubern.

Mit wichtiger Miene wedelte er mit dem Zauberstab über dem Zylinder. Das Letzte, was man sah, war, wie er sich mit wehendem Umhang um sich selbst drehte. Dann wurde es dunkel.

Die Spannung stieg. Herr Stein dachte noch bei sich: ›Komisch, bei der Generalprobe lief das etwas anders ab.‹ Da ging das Licht auch schon wieder an – und tatsächlich: Aus dem Zylinder kroch ein Kaninchen!

Doch Herr Hokus-Pokus war verschwunden. Auf dem Boden lag sein Umhang, aber er war weg. Herr Stein war etwas irritiert. Was sollte das? Solche Sachen sprach man doch wohl vorher ab! Derweil kroch das fünfte Kaninchen aus dem Hut. Das Publikum applaudierte, es dachte, das müsse so sein.

Nach dem zehnten Hasen wurden die Leute langsam ungeduldig. Herr Stein begann zu schwitzen. Ein Mann aus dem Publikum rief: »Der hat sich schnell aus dem Staub gemacht!« Ein anderer: »Nein, ich glaube, der ist Hasenfutter holen!« Gelächter.

Herr Stein fand das gar nicht komisch. Indessen war die Bühne voller Hasen.

Herr Stein trat vor das Publikum. »Meine sehr verehrten Damen und Herren! Wir wissen doch alle, welch ein großer Künstler Herr Hokus-Pokus ist. Auch hier handelt es sich mit Sicherheit um einen grandiosen Scherz.«

Doch recht glauben wollte ihm niemand.

Die Hasen machten sich nun auch im Zuschauerraum breit, was nicht unbedingt überall auf Freude stieß.

Herr Stein versuchte nun, die sich noch im Zylinder befindenden Hasen aufzuhalten, was natürlich unmöglich war. Er öffnete seinen oberen Hemdknopf. Ihm war unendlich heiß.

»Ist hier vielleicht ein Zauberer im Zuschauerraum? Oder kennt vielleicht einer von Ihnen einen Zauberer, den man schnell zu Hilfe rufen könnte?«

Herr Stein war nervlich am Ende, dabei hatte alles so gut angefangen.

Plötzlich stand ein kleiner Junge hinter Herrn Stein.

»Ich bin ein Zauberer«, sagte er mit seiner Piepsstimme. Unter dem Arm hatte er einen Kinderzauberkasten.

»Wie?«, fragte Herr Stein. »Du willst ein Zauberer sein? Dass ich nicht lache! Nee, mein Junge, lass mal! Nach Scherzen ist mir heute nicht mehr zumute. Nimm dir von mir aus einen Besen und mach' die Bühne sauber, die ist übersät mit braunen Kügelchen.«

Der Junge ließ sich jedoch nicht abwimmeln. »Ich bin ein Zauberer und ich kann Ihnen helfen! Sie wollten doch eben, dass Ihnen jemand hilft, oder?«

Im Publikum war es jetzt ganz still. Alle hatten gehört, was der Kleine gesagt hatte.

Herrn Stein lief der Schweiß in Strömen die Stirn herab. Am liebsten hätte er den Kleinen weggeschickt, aber die Flut der Hasen machte ihn mürbe. Es waren in der Zwischenzeit bestimmt mehr als 150 und es kamen immer noch welche dazu.

»Lassen Sie ihn doch! Schlimmer kann es fast nicht mehr kommen!«, rief jemand aus dem Publikum. »Außerdem haben wir eine Zaubershow bezahlt, dann wollen wir auch eine sehen!«, kam es von einer Dame.

»Na gut, Kleiner, sorg' dann bitte zuerst dafür, dass die Hasen verschwinden!«

Der kleine Junge öffnete umständlich seinen Zauberkasten. Herr Stein verdrehte hinter seinem Rücken die Augen.

»Sie brauchen nicht die Augen zu verdrehen. Ich bin ein Zauberer!«, sagte der Junge plötzlich.

›Wie konnte der denn das jetzt sehen? Ich stehe doch hinter ihm‹, dachte Herr Stein, bekam einen roten Kopf und fühlte sich ertappt.

»Schon gut, Kleiner! Leg' los!«

Der kleine Junge legte sich seinen Umhang um, zog seine Handschuhe an, setzte seinen Zylinder auf und nahm seinen Zauberstab. Währenddessen suchten bereits wieder zwanzig Hasen das Weite.

Er holte tief Luft und schloss die Augen. »Hokuspokus, Simsalabim – Hasen gehen wieder dorthin!« Dann klopfte er drei Mal auf den Zylinder.

In dem Theater war es so leise, dass man eine Stecknadel hätte fallen hören können.

Herr Stein staunte nicht schlecht, denn die Hasen wanderten tatsächlich einer nach dem anderen in den Zylinder zurück. Nach zehn Minuten waren alle verschwunden.

Das Publikum applaudierte wie verrückt und der kleine Junge verneigte sich artig.

»Super, Kleiner! Das war's!«, sagte Herr Stein zu dem Jungen und zum Publikum: »Meine sehr verehrten Damen und Herren, die Zaubershow ist damit beendet! Ich wünsche Ihnen noch einen schönen Abend.«

Doch Herr Stein irrte, wenn er glaubte, die Leute würden sich damit zufrieden geben.

»Und was ist mit Hokus-Pokus? Der Junge soll ihn wieder herzaubern! Wir wollen schließlich was sehen für unser Geld!«, kam es wieder aus dem Publikum.

Herr Stein war ratlos. Ihm war sehr unwohl und er schwitzte immer mehr.

»Kannst du das? Ich meine, den Alten wieder herholen? Traust du dir das zu?«, fragte er den Kleinen.

»Klaro! Sonst wäre ich jetzt nicht hier.«

»Na, dann mach' mal. Viel Glück!«

Wieder schloss er die Augen. »Hokuspokus, Simsalabim – lange Arme, kurze Beine, Hokus-Pokus erscheine!«

Es zischte und krachte. Herr Stein hielt sich die Hände vor die Augen. Dem Publikum stockte der Atem. Und zack, landete mit einem lauten Plumps der Herr Hokus-Pokus auf der Bühne.

Der Applaus kannte keine Grenzen.

Der kleine Junge strahlte vor Stolz. Während sich Hokus-Pokus aufrappelte, zauberte der Kleine auf Wunsch des Publikums weiter drauf los. Er verwandelte Tauben in Hasen, der Tisch begann zu schweben, plötzlich stand sogar ein Elefant auf der Bühne.

Herr Stein und das Publikum waren außer Rand und Band. Herr Stein konnte sich nicht mehr zurückhalten. Er lief auf den Jungen zu und umarmte ihn herzlich. »Kleiner, so eine Show habe ich ja noch nie gesehen! Das war wunderbar! Verrätst du uns deinen Namen?«

»Hokus-Pokus.«

Jetzt verstand keiner mehr etwas.

»Und wer ist dieser Herr?«, fragte Herr Stein und zeigte auf den älteren Zauberer.

»Das ist auch Hokus-Pokus.«

Fassungsloses Staunen.

»Na, die Sache ist eigentlich ganz einfach«, sagte der Kleine mit ernster Miene. »Eigentlich bin ich der berühmte Zauberer. Das ist mein Papa. Der ist auch Zauberer, aber er kann noch nicht alles – wie man vorhin gesehen hat. Da mir die Erwachsenen aber nie etwas zutrauen, sind wir auf die Idee gekommen, dass mein Papa meine Tricks vorführt und ich im Hintergrund bleibe. So wie heute. Normalerweise klappt ja auch alles. Das heute war halt ein kleines Missgeschick. Ich hoffe, es ist uns niemand böse.«

»Stimmt das?«, fragte Herr Stein den alten Hokus-Pokus.

»Ja, es stimmt. Ich bin leider nur ein mittelmäßiger Zauberer, aber mein Junge! Umwerfend, einfach unschlagbar! Und da auch Zauberer von etwas leben müssen, kam uns die Idee mit dem Tausch.« Er hob den Kleinen hoch und gab ihm einen dicken Kuss. Dann nahmen die beiden ihre Sachen und wollten gehen.

»Also ich …«, sagte Herr Stein. »Ich hätte nichts dagegen, wenn die restlichen Zaubershows von euch beiden aufgeführt würden. Ich fand doch eigentlich alles recht toll.«

Das Publikum tobte.

»Meinen Sie das ernst?«, fragte der große Hokus-Pokus.

»Klaro.«

Die Zaubershows im Theater am Ufer waren ab sofort der Renner. Bis zum heutigen Tage sind alle Vorstellungen ausverkauft gewesen und Herr Stein ist stolz darauf, den berühmten Zauberer Hokus-Pokus für sein Haus verpflichtet zu haben.

Jennifer und die Waschmaschine

Jennifer ist schon fünf Jahre alt. Sie kann schon vieles alleine und vor allem ist sie ihrer Mama eine große Hilfe – gerade jetzt, wo Mama bald ein Baby bekommt. Gleich geht sie mit Mama in den Garten. Die will im Gewächshaus einige Pflanzen umtopfen. Dabei braucht sie natürlich Jennis Hilfe.

Jenni will nur noch einmal schnell auf die Toilette und Hände waschen.

»Jenni, kommst du?«

»Ja, Mama, gleich!«

»Ich gehe schon mal runter!«

»Ja. Ich wasche nur noch meine Hände.«

Gerade als sie aus dem Bad gehen will, bemerkt sie, dass Mama ihr Schmusekissen und ihre Schmusedecke in die Waschmaschine gesteckt hat. Jenni liebt es, wenn die Schmusesachen frisch gewaschen sind, sie riechen dann immer so gut. Besonders den Weichspüler, der nach Vanille riecht, hat Jenni gern. Hoffentlich hatte Mama auch genug davon dran getan.

Jennifer öffnet die Klappe für den Weichspüler. Leer!

Dachte sie es sich doch, Mama hat den Weichspüler vergessen. Wenn sie nicht immer an alles dachte! Wie gesagt, sie ist Mama eine große Hilfe.

Sie nimmt die Flasche mit dem Weichspüler und gießt einen großen Schuss hinein. Da der aber gleich abläuft, schüttet sie lieber noch eine Ladung hinterher. Besser ist besser. Dann geht sie in den Garten.

Ungefähr eine Stunde später will Mama kurz mal reingehen, um zu sehen, ob die Waschmaschine schon fertig ist. Kaum ist Mama im Haus, hört Jennifer einen fürchterlichen Schrei. Sie lässt sofort alles fallen und läuft nach drinnen. Im Flur ist der ganze Boden voller Schaum. Durch die geöffnete Badezimmertür kann man auch nur noch Schaum sehen, so, als ob das ganze Bad nicht mehr da wäre.

Jenni ist fassungslos, Mama auch.

»Was ist denn hier passiert, Mama?«

»Keine Ahnung, mein Schatz, keine Ahnung! Ich weiß im Moment noch nicht mal, was ich machen soll. Wie bekommen wir denn den Schaum wieder aus der Wohnung? Ach, du lieber Himmel! Ich muss zur Waschmaschine, um sie wenigstens abzustellen, damit es nicht noch mehr wird!«

»Nein, Mama, bitte nicht! Ich habe solche Angst! Ruf Papa an, bitte!«

»Papa kann nicht kommen, der ist heute zu weit weg. Vielleicht sollte ich Opa anrufen?«

»Ja, ruf Opa an! Schnell!«

Jennifer ist die ganze Sache unheimlich. Der viele weiße Schaum, der immer weiter quillt. Wenn sie jetzt hinfiele, kein Mensch würde sie jemals wiederfinden.

Zum Glück ist Opa zu Hause.

»Und? Was hat er gesagt, Mama?«

»Ich soll sofort die Sicherung raus machen! Opa meint, die Sache wäre nicht ganz ungefährlich.«

Zum Glück kann Jennis Mutter den Sicherungskasten erreichen, ohne durch den Schaum zu müssen. So, Sicherung raus, Waschmaschine aus!

Mama nimmt die verstörte Jenni bei der Hand und geht mit ihr in die Küche.

»Komm, mein Schatz, wir warten auf Opa! Mach' dir keine Sorgen, das kriegen wir wieder hin! Wenn ich nur wüsste, wie man den Schaum wieder loswird … Den kann man ja nicht aufwischen, aber vielleicht aus der Wohnung schöpfen?«

Jenni sitzt immer noch sprachlos am Küchentisch, als Opa und Oma eintreffen.

»Ach, du lieber Schreck, Martina! Was ist denn hier passiert? Hast du ein neues Waschpulver gekauft?«, fragt Oma.

»Nein, alles wie immer. Als ich vorhin raus ging, war auch alles noch in Ordnung. Vielleicht ist die Maschine kaputt? Ich habe keine Ahnung.«

Jetzt fängt Jenni an zu weinen. »Dann sind mein Kissen und meine Decke kaputt? Oh, das ist alles so schrecklich!«

Mama nimmt Jenni auf den Schoß, um sie zu trösten, während Opa und Oma – bewaffnet mit Kehrichtschaufeln und Müllbeuteln – im Bad im Schaum verschwinden. Sie schaufeln den Schaum, so gut es eben geht, in die Müllbeutel und bringen diese in den Garten. Dem Schaum in Badewanne und Dusche wird mit Wasser zu Leibe gerückt.

Mama fängt an, im Flur den bereits flüssigen Schaum aufzuwischen. Auch Jenni holt sich ihren kleinen Eimer und wischt mit.

In dem ganzen Trubel fällt Mama gar nicht auf, wie still Jenni ist. Normalerweise steht ihr Mund nämlich nicht still, schon gar nicht bei solch außergewöhnlichen Ereignissen.

Jennifer ist aber nur so still, weil sie das eigentümliche Gefühl hat, dass sie unmittelbar etwas mit dem Ereignis im Bad zu tun hat – obwohl sie ja eigentlich nur Weichspüler in die Waschmaschine geschüttet hat. Vielleicht sollte sie ihrer Mama das jetzt sagen? Oder vielleicht doch besser erst einmal abwarten?

Kurze Zeit später ist die Bescherung so weit beseitigt, dass auch Mama das Bad betreten kann. Es ist zwar alles – aber auch wirklich alles – schmierig und klebrig, aber der Schaum ist wenigstens weg.

Ihr erster Blick fällt auf die leere Flasche auf der Waschmaschine, der zweite Blick gilt Jenni, die direkt neben ihr steht. Und die wird jetzt puterrot.

»Hast du das in die Maschine geschüttet?«

Keine Antwort.

»Jenni?«

»Ja.«

»Warum hast du das getan?«

Jenni fängt an zu weinen. »Weil … weil ich dachte, du hättest den Weichspüler vergessen, und weil ich wollte, dass mein Kissen und meine Decke gut riechen. Und da habe ich einfach den Weichspüler reingeschüttet, weil ich dir doch helfen wollte. Und jetzt ins alles klebrig und mein Kissen und meine Decke sind bestimmt kaputt! Oh, es ist alles so schrecklich! Ich wollte doch wirklich nur helfen! Mama, sei mir bitte nicht böse.«

Mama nimmt Jenni in den Arm und gibt ihr einen Kuss. »Mein armes Schätzchen! Böse bin ich dir nicht, nur nächstes Mal fragst du mich lieber erst, bevor du einfach etwas in die Waschmaschine kippst. Das war nämlich kein Weichspüler, sondern Schmierseife – und zwar eine dreiviertel volle Flasche. Jetzt ist mir klar, woher der viele Schaum kam.« »Schmierseife?«, schnieft Jenni. »Ich dachte, das sei Weichspüler! Der sieht doch genauso aus.«

Währenddessen hat Oma die Waschmaschine aufgemacht. »Schau mal, Kleines!«, sagt sie. »Deine Schmusesachen sind nicht kaputt, nur voller Seife. Ich glaube, die müssen wir gleich noch einmal waschen, aber diesmal ohne Schmierseife.«

»Und ohne Weichspüler!«, gibt Jenni von sich.

»Na, das ist doch mal eine gute Idee!«, meint Opa. »So, ihr zwei verschwindet jetzt in Richtung Sofa und Oma und ich stürzen uns hier ins Vergnügen! Die Pflicht ruft!«

»Ich helfe natürlich!«, meint Mama.

»Ich auch!«, sagt Jenni.

»Nichts da, wir haben auch unseren Stolz! Gell, Christa?«, sagt Opa.

»Ganz genau! Euch zwei wollen wir hier jetzt nicht mehr sehen!«

»Oma?«

»Ja, Jenni?«

»Wir sind aber drei!«

»Oh, Entschuldigung! Stimmt ja. Also dann: Euch drei wollen wir hier jetzt nicht mehr sehen!«

Während Oma und Opa anfangen, sauber zu machen, setzen sich Mama und Jenni aufs Sofa. Mit einem Arm hält Mama Jenni fest und mit der anderen Hand streichelt sie ihren Bauch.

»Jenni, leg mal deine Hand hier hin!«

»Was ist das, Mama?«

»Das ist deine kleine Schwester. Sie strampelt.«

»Mama?«

»Ja?«

»Wenn sie groß genug ist, erzähle ich ihr die Geschichte, die heute hier passiert ist.«

»Tu' das, mein Schatz! Das ist eine gute Idee.«

Der kopflose Kasper

Kaum war Selina eingeschlafen, fing es in ihrem Zimmer an zu rumoren. Die Handpuppen aus dem Kaspertheater hatten vor, heute Abend auf der Fensterbank ein Mondscheinpicknick zu veranstalten.

Die Oma hatte einen Kuchen gebacken, die Prinzessin hatte Nudelsalat und Würstchen gerichtet, Seppel holte schon mal die Decke und Kasper den Picknickkorb. Sogar den Räuber Zottelbart wollten sie mitnehmen, obwohl der eigentlich immer nur Böses im Sinn hat.

Doch oh je, Kasper bewegte sich etwas ungeschickt und da geschah es: Sein Kopf fiel ab und kullerte durch das ganze Zimmer bis zur Tür.

»Autsch!«, schrie Kasper. »Ich habe mir die Nase an der Tür angeschlagen. Die wird bestimmt blau.«

Nachdem die anderen sich von dem Schreck erholt hatten, mussten sie erst einmal lachen. Hier stand der Körper von Kasper mit dem Korb in der Hand und dort drüben lag sein Kopf auf dem Boden.

»Wenn ihr fertig gekichert habt, könntet ihr mir vielleicht mal helfen!«, meinte Kasper.

»Das mit dem Picknick können wir erst einmal vergessen. Der Kasper kann ja so gar nichts essen!«, gab Seppel von sich.

»Seppel, du bist, wie immer, der Schlauste!«, antwortete Kasper. »Du denkst doch auch immer nur ans Essen!«

Die Puppen trugen die Picknicksachen zurück zur Kiste, dann machten sie sich auf den Weg zu Kaspers Kopf. Der Räuber und Seppel hoben ihn vorsichtig hoch.

»Passt bloß auf, mein Kopf ist wertvoll!«

»Nee, der ist leer! Man kann ja durch den Hals reingucken. Leer, absolut leer!«, meinte Seppel.

»Seppel, quatsch' nicht! Fass' endlich an!«

Gemeinsam trugen die beiden den Kopf zurück zur Kiste.

»So, und was machen wir jetzt?«, fragte die Prinzessin. »Mal überlegen, wer uns helfen kann, den Kopf wieder anzunähen!«

»Ich glaube, dass ich das mit meinen kleinen Nähnadeln nicht schaffe«, sagte die Oma.

Da meldete sich eine Stimme: »Ich könnte ihn wieder annähen, aber ich komme vom Regal nicht runter. Wenn ihr ihn vielleicht raufbringen könntet?«

Die Stimme gehörte der kleinen Nähmaschine, die ganz oben auf dem Regal stand.

»Funktionierst du wirklich?«, fragte die Oma.

»Natürlich! Was glaubt ihr denn?«, gab sie beleidigt zurück.

»Tja, und wie bringen wir Kasper dort rauf?«, fragte die Oma weiter.

»Vielleicht kann uns Koko helfen?«, sagte die Prinzessin.

Das Problem war nur, Koko war Selinas Lieblingsschmusetier und ging immer mit ihr schlafen. Auch jetzt lag er neben ihr im Bett und sie hielt ihn fest im Arm. Selina durfte aber nicht wach werden, also war die Sache nicht ganz einfach.

»Ich gehe zu ihm hin!«, sagte Seppel und machte sich auf den Weg.

»Seppel, lass das!«, meinte Kaspar. »Lass das lieber die Prinzessin machen!«

»Keiner traut mir irgendwas zu!«, maulte Seppel.

»Kasper meint doch nur, dass ich kleiner und leichter bin als du, sonst nichts«, tröstete ihn die Prinzessin.

Sie machte sich auf den Weg zu Selinas Bett.

»He, Koko! Koko, aufwachen!«

Koko rieb sich die Augen. »Nanu? Ist es schon morgens? Habe ich verschlafen? Selina, aufstehen!«

»Psst, sei still! Du musst uns helfen!«

Schnell erklärte die Prinzessin Koko Kaspers Missgeschick. Der wollte natürlich gerne helfen, konnte sich aber aus Selinas Umarmung nicht alleine befreien.

Jetzt hatte die Oma die rettende Idee. Sie nahm eine der Pfauenfedern von der Wand und kitzelte Selina an der Nase. Die musste niesen und drehte sich auch tatsächlich in ihrem Bett um. Rasch huschte Koko davon. Er sah sich die Bescherung an. »Tja«, meinte er, »ich komme schon da rauf, nur brauche ich dazu meine beiden Hände. Doch womit soll ich dann den Kasper halten?«

Zottelbart fiel ein, dass in der Kiste ein Puppenrucksack lag. »Wenn du den aufsetzt und Kasper dort reinsteckst, müsste es doch gehen.«

Gesagt, getan. Der Kasper und sein Kopf fanden tatsächlich Platz in dem Rucksack. Koko setzte ihn auf und los ging es – an der Gardinenstange entlang, mit Schwung auf die Lampe und von dort auf das Regal.

»Mir ist übel!«, war aus dem Rucksack zu hören.

»Wir sind schon da! Stell' dich nicht so an!«

»Ich brauche aber zwei Leute zum Festhalten – einen für den Kopf und einen für den Körper. Koko, kannst du vielleicht noch jemanden raufholen?«, fragte die kleine Nähmaschine.

»Am besten die Oma. Die kann doch gut nähen und stricken«, sagte die Prinzessin.

»Ich versuche es gerne. Hoffentlich wird mir nicht schlecht unterwegs.«

»Keine Sorge«, meinte Koko. »Ich mache auch langsam. Nur den Weg in den Rucksack kann ich dir leider nicht ersparen.«

»Na gut, für Kasper mache ich es! Aber sei bitte vorsichtig, ich bin schließlich nicht mehr die Jüngste.«

So vorsichtig wie möglich packte Koko die Oma in den Rucksack und brachte sie zur Nähmaschine. Und ihr werdet es nicht glauben: Oma gefiel die abenteuerliche Reise.

»Koko, das machen wir bei Gelegenheit noch mal!«, sagte sie lachend.

So, nun war aber keine Zeit mehr zu verlieren. Oma hielt Kaspers Kopf fest und Koko seine Kleider.

»Macht das schön ordentlich und vor allem vorsichtig! Ich bin kostbar!« Dies war seit langer Zeit das Erste, was Kasper wieder von sich gab, und wenn der mal die Klappe hielt, dann musste es schon richtig dicke kommen.

»Im Moment kommst du mir eher kopflos als kostbar vor«, kicherte Oma. »So, jetzt aber genug gealbert! Los geht's! Zuerst müssen wir den Kopf wieder in die Kleider stecken, dann, kleine Nähmaschine, bist du dran!« Oma hatte alles im Griff. Sie zeigte der Nähmaschine ganz genau, wo wie viele Stiche zu nähen waren, und sie passte auch auf, dass nichts zu eng oder zu weit war.

»So, noch zwei Stiche hier! Geschafft!«

Kaum hatte Koko Kasper auf die Beine geholfen, nahm ihn die Oma bei den Schultern und schüttelte ihn kräftig durch.

»He, Oma, was soll das? Mir wird ja ganz schwindelig!«

»Das war der Test, ob der Kopf auch fest genug sitzt, mein Junge.«

»Er sitzt, Oma, er sitzt! Brrrrrrr!« Kasper war ganz wirr.

»Ich glaube, ihr müsst euch ein bisschen beeilen. Es wird langsam hell«, rief die Prinzessin.

»Alles klar, wir kommen wieder runter!«, antwortete Koko.

»Vielen Dank, kleine Nähmaschine. Du hast mir das Leben gerettet«, sagte Kasper und streichelte sie. »Ich wollte, ich könnte auch etwas für dich tun.«

»Verbreite einfach weiter solch gute Laune hier im Zimmer! Dann habe ich immer etwas zu lachen und das reicht mir als Dank. Macht euch nun auf den Rückweg, ich glaube, Selina wird gleich wach.«

»So, kann's losgehen? Zuerst die Oma!«, ordnete Koko an – und schon war sie wieder unten bei den anderen.

Während sie noch ihr Kleid glatt strich, machte sich Koko schon wieder auf den Weg zu Kasper – und schwups war auch er wieder auf der Erde. Dann verschwand Koko mit einem freundlichen Winken in Selinas Bett.

»Huh, bin ich jetzt müde!«, sagte er und schlief sofort ein.

Die Handpuppen zogen sich jetzt ebenfalls in ihre Kiste zurück und legten sich hin, auch sie waren allesamt müde. Und am lautesten gähnte natürlich der Seppel. »War das ein anstrengender Abend! Und Hunger habe ich jetzt auch!«

»Gib Ruhe, du hast schließlich am wenigsten Arbeit gehabt!«, antwortete Kasper.

»Ich habe aber die Verantwortung getragen und die war ganz schön schwer. Gute Nacht allerseits!«

Lola, die verträumte kleine Hexe

Lola saß auf ihrem Traumbaum und träumte von der Junghexenprüfung in zwei Wochen. Endlich würde sie danach offiziell zaubern dürfen und auch ihren eigenen Hexenbesen bekommen. Sie malte sich gerade aus, wie sie über der Stadt durch die Lüfte schwebte, als sie die Stimme ihrer Mutter aus ihren Träumen riss.

»Lola! Lola! Du musst doch in die Hexenflugschule! Komm jetzt von diesem Birnbaum runter, sonst ist dein Termin vorbei!«

Lola schüttelte sich und krabbelte hinunter. »Hab ich fast vergessen, Mama! Tut mir leid.«

»Lola, irgendwann vergisst du noch deinen Kopf über deiner Träumerei. Langsam musst du doch mal erwachsen werden! Ich werde auch nie verstehen, warum du immer auf diesem Baum sitzen musst.«

»Ach, Mama, lass mich doch! Dort oben ist es so schön, dort bin ich den Wolken ganz nah und kann die Vögel beobachten. Aber jetzt muss ich los!«

Wieder auf den letzten Drücker erschien Lola in der Flugschule. Nach der Theorie, die alle hassten, kam die Praxis. Professor Kröterich holte für jede der Schülerinnen einen Besen und dann ging es zum Übungsplatz.

»So, meine Damen, aufgepasst! Aufgesessen! Motor angestellt! Anfahren, aber langsam!«

Professor Kröterich hielt den Unterricht wie ein Feldwebel. Alles hörte auf sein Kommando. Viel lieber hätten die Mädchen auch mal ein paar Runden auf ihren Besen gedreht, so, wie sie es wollten. Aber das war unmöglich, weil es bei Fehlverhalten direkt einen Eintrag ins Klassenbuch gab und bei vier Einträgen die Zulassung zur Prüfung gefährdet war. Und das wollte natürlich keine. Die Einzige, der mal wieder alles egal war, war Gesa. Sie gab mit ihrem Besen ordentlich Gas und flog so dicht und schnell an Professor Kröterich vorbei, dass sein ganzer Bart zerzaust wurde.

»Gesa, halt' sofort an!«, rief er ihr nach.

Doch die lachte nur wie eine Hexe – »Hihihihi!« – und zog weiter ihre Runden.

Professor Kröterich schickte ihr einen Blitz hinterher, ihr Besen legte eine Vollbremsung hin und Gesa flog in hohem Bogen ins weiche Gras. Das sah so ulkig aus, dass alle lachen mussten, sogar Professor Kröterich musste schmunzeln. Nur Gesa fand das gar nicht lustig. »Ihr alten Schleimer!«, rief sie den anderen zu, als sie sich wieder aufgerappelt hatte. »Ihr seid ja nur zu feige, mal das zu machen, worauf ihr Lust habt! Aus lauter Angst vor einem Eintrag. Mir ist das egal, ich schaffe die Hexenprüfung allemal. Einen schönen Tag noch!«, sprach's und verschwand.

Natürlich wären die anderen auch gerne geflogen, wie sie wollten, und natürlich trauten sie sich nicht aus Angst vor einem Eintrag, aber es konnte ja auch nicht jeder nur das machen, was er wollte. Das gäbe ja wohl ein heilloses Chaos.

Am nächsten Tag sollten in der Schule die 110 Zaubersprüche durchgenommen werden, von denen von jeder Schülerin zehn zur Prüfung aufgesagt werden sollten.

Lola kam auf den Weg zu Schule wie immer an ihrem Traumbaum vorbei. ›Eigentlich habe ich noch zehn Minuten Zeit‹, dachte sie und schaute wehmütig in die Krone. ›Nur zehn Minuten …‹

Und wieder war es ihre Mutter, die auftauchte. »Lola, Frau Spinne fragt, wo du bleibst! Der Unterricht heute ist doch wichtig! Du und dieser Baum! Komm, ich flieg' dich schnell hin!«

Eigentlich ging es mit Lola jeden Tag so. Etwas vergaß sie immer, während sie auf ihrem Traumbaum saß. Zum Beispiel sollte sie mal für die Familie das Mittagessen zubereiten. Krötenschleimauflauf sollte es geben. Doch Lola saß auf ihrem Traumbaum. 15 Minuten bevor ihr Vater von der Arbeit kam, fiel es ihr wieder ein. Sie rannte los. Unterwegs sammelte sie die Zutaten zusammen, ab in die Auflaufform und rein in den Ofen! Damit alles etwas schneller gar wurde, stellte sie die Flamme etwas größer – und vergaß natürlich, sie wieder kleiner zu stellen. Rasch erledigte sie im Haus noch die Arbeit, die ihr die Mutter aufgetragen hatte. Als sie wieder in die Küche kam, roch sie schon, was passiert war. Der Auflauf war angebrannt.

In dem Moment kamen auch schon die Eltern heim.

»Aha, Lola hat wieder geträumt. Heute gibt es angebranntes Essen! Na dann, guten Appetit!« Das war alles, was Papa sagte.

Aber es kam noch schlimmer: Der Auflauf war nicht nur angebrannt, sondern Lola hatte auch noch die Pferdehaare vergessen. Es schmeckte grauenhaft.

»Lola, irgendwann bringst du dich mit deinen Träumereien noch richtig in Schwierigkeiten. Du musst doch endlich mal erwachsen werden! Hast du nicht noch Flugschule heute?«, fragte Papa.

»Oh Schreck, vergessen! Ich muss los!«

Schon rannte Lola los. Die Eltern schüttelten die Köpfe. Sie wussten nicht mehr, was man mit Lola noch anstellen konnte. Sie träumte den ganzen Tag und vergaß darüber einfach alles.

Dann kam der Tag der Junghexenprüfung. Lola, ihre Freundinnen Bea, Mia und Ria und die anderen waren ganz aufgeregt. Nur Gesa nahm es locker. Obwohl sie nur knapp die Hälfte der Zaubersprüche auswendig konnte und auch das Einparken mit dem Hexenbesen alles andere als gut klappte, ging sie die ganze Sache locker an. Dabei war es nur dem Wohlwollen von Frau Spinne zu verdanken, dass sie überhaupt an der Prüfung teilnehmen konnte – bei den vielen Einträgen im Klassenbuch.

Die Prüfung fand auf der großen Lichtung im Wald statt. Dort hatten die jungen Zauberer schon seit Tagen trockenes Holz zusammengetragen. Über der Feuerstelle hing ein großer Topf, in dem die alte Oberhexe den berühmten Zaubertrank angesetzt hatte. Das Rezept kannte nur sie und es wurde auch immer nur an die nächste Oberhexe weitergegeben. Dieser Trank verlieh den Junghexen für alle Zeit und überall Zauberkraft und Unverwundbarkeit.

Die Junghexen mussten sich im Kreis um den Topf aufstellen. In diesem Jahr waren es elf Junghexen. Nun mussten sie immer abwechselnd einen Zauberspruch aus dem großen Zauberbuch aufsagen, das bedeutete, jede musste zehn Sprüche aufsagen. Da sie das aber alles in der Schule gut durchgenommen hatten, war es – bis auf Gesa – für keine ein Problem. Gesa konnte von den Sprüchen, die sie aufsagen wollte, gerade mal drei fehlerfrei, vier mit Hilfe und drei überhaupt nicht.

Die Oberhexe machte sich einen Vermerk.

Dann kam die Flugprüfung. Auch da waren alle gut – außer Gesa, die in der Flugschule ja immer nur Blödsinn gemacht hatte.

Wieder ein Vermerk.

Dann kam der Hexentanz. Auch hier hüpfte Gesa stets aus der Reihe.

Danach kam es zur feierlichen Verleihung der Urkunden und zur Überreichung des Hexenbesens. Die Oberhexe rief die Junghexen einzeln mit Namen auf, sagte zu jeder ein paar persönliche Worte und teilte ihr dann mit, ob die Prüfung bestanden war.

Als Lola an die Reihe kam, waren ihre Knie ganz weich. Obwohl sie alles konnte, hatte sie doch ein mulmiges Gefühl.

»Liebe Lola«, sagte die Oberhexe, »die Prüfung hast du ja super geschafft! Du bist in diesem Jahr die Beste. Alles hat wunderbar geklappt. Das Einzige, was mir bei dir Sorgen macht, ist deine Träumerei. Ich fürchte, ebenso wie deine Eltern, dass du dich irgendwann damit in große Schwierigkeiten bringst. Ich erwarte hier und heute von dir, dass du mir versprichst, gewaltig daran zu arbeiten. Verspochen?«

»Ja.«

»Gut. Hiermit überreiche ich dir deine Junghexenurkunde und gratuliere dir recht herzlich. Und hier ist dein eigener Besen! Ich wünsche dir alles Gute.«

Zum Schluss bekam sie noch ihr Glas mit dem Zaubertrank.

Lola nahm stolz ihren Besen und ihre Urkunde in Empfang und stellte sich wieder in die Reihe.

Dann kam Gesa dran und es kam, wie es kommen musste.

»Tja, liebe Gesa …«, sagte die Oberhexe. »Dir kann ich die Urkunde leider nicht verleihen. Du hast in der Schule nur Unfug gemacht und auch heute vermisste ich bei dir den Ernst der Sache. Außerdem ist dein Wissen mehr als lückenhaft. Versuch' es nächstes Jahr noch einmal! Ich wünsche dir trotzdem alles Gute.«

Damit hatte Gesa nicht gerechnet. Bis jetzt war sie immer mit durchgerutscht. Dies war zu viel für sie. Sie schrie die Oberhexe an: »Sie alte falsche Schlange! Ich hasse Sie und Ihre ganze schleimige Bande hier auch! Ich brauche eure blöde Urkunde nicht und auch nicht den schäbigen Besen! Ich verfluche euch alle! Und mit dir, Lola, du tolle Superhexe, bin ich erst recht noch nicht fertig!« Dann rauschte sie davon.

Das hatte sich noch niemand getraut. Die Oberhexe war sprachlos.

Als sie sich wieder gefasst hatte, sagte sie zu den Junghexen: »Meine Lieben, es tut mir leid, dass dieser hässliche Zwischenfall die Prüfung überschattet. Obwohl ich mir nichts vorzuwerfen habe, bitte ich euch auch, ab jetzt noch etwas mehr Vorsicht walten zu lassen. Gesa ist zu allem fähig! Passt vor allem auf eure Hexenbesen auf! Ihr wisst, dass jeder speziell auf euch zugelassen ist, das heißt: Wenn jemand mit eurem Besen Unfug treibt, fällt es zuerst auf den Halter des Besens zurück. Denkt daran, die Besen immer gut wegzuschließen! In ein, zwei Tagen wird sich Gesa wieder beruhigt haben, dann normalisiert sich hier wieder alles. So, und jetzt wird gefeiert!«

Die anderen ließen sich dann auch den Spaß an der Feier nicht verderben.

Am nächsten Morgen machte Lola zum ersten Mal einen Ausflug auf ihrem eigenen Besen – ohne Aufsicht des Fluglehrers. Nur Mama und Papa standen vor dem Haus und schauten ihr zu, wie sie in der Ferne verschwand.

Lolas Mama wurde es ganz wehmütig ums Herz. ›Jetzt ist Lola auch so gut wie aus dem Haus. Keine Mama lässt ihre Kinder gerne gehen, das ist bei Hexen nicht anders als bei Menschen.‹

Lola flog mindestens zwei Stunden durch die Gegend. Dann führte sie ihr Weg zu ihrem Traumbaum. Sie hielt an. Wehmütig stand sie davor. Sie hatte sich selbst das Versprechen abgenommen, nicht mehr so oft zu träumen und sich von dem Baum fernzuhalten. Aber »nicht mehr so oft« heißt doch eigentlich nicht »nie«, oder?

Sie stellte den Besen ab und kletterte auf ihren Baum. Ach, wie herrlich! Wie im Paradies!

Und weil sie so schön träumte, bemerkte sie Gesa nicht, die schon die ganze Zeit in den Hecken auf sie gewartet hatte. Ihr war nämlich klar, dass Lola hier irgendwann auftauchen würde. ›Man muss nur Geduld haben‹, dachte sie sich.

Und zu allem Überfluss hatte Lola auch noch vergessen, den Schlüssel an ihrem Besen abzuziehen. Das war Gesas große Chance! Mit einem Satz war sie auf Lolas Besen und sauste davon.

Bis Lola bemerkte, was los war, sah sie Gesa nur noch von hinten und hörte von fern ihr hämisches Lachen.

Lola war fix und fertig. Jetzt war genau das passiert, was ihre Eltern und die Oberhexe vorausgesagt hatten: Sie hatte sich durch ihre Träumerei in Schwierigkeiten gebracht, in sehr große Schwierigkeiten! Sie traute sich gar nicht nach Hause und wusste auch nicht, was sie jetzt machen sollte. Traurig kletterte sie zurück auf ihren Baum. Dort blieb sie sitzen, bis ihr Vater nach ihr rief – und das hörte sich nicht freundlich an.

»Lola! Lola! Verflucht und zugenäht! Komm sofort von diesem blöden Baum runter! Wir haben mir dir zu sprechen!«

Lola kletterte hinab und ging mit gesenktem Kopf hinter ihrem wütenden Vater her.

Zu Hause warteten die Mutter und die Oberhexe auf sie.

Die Oberhexe sah sehr böse aus. Streng sagte sie: »Lola, was hast du zu deiner Verteidigung vorzubringen? Ich bin fassungslos! Gerade von dir hätte ich so etwas nicht erwartet. Ich höre!«

Lola ließ den Kopf hängen. »Ich habe geträumt, da ist es passiert …«

»Das kann ja wohl nicht die ganze Erklärung sein! Beim Träumen stellt man normalerweise nicht so üble Dinge an. Also, Lola, erklär' uns das mal bitte!«

»Lola, bitte!«, bat Lolas Mutter. »Mach' es nicht noch schlimmer! Bitte sag, warum du das getan hast?«

»Was getan?«

»Was getan!«, schnaubte Lolas Vater. »Na, zum Beispiel den ganzen Kessel Hexentrank mit Karottensaft vergiftet! Zum Glück hat die Oberhexe ein leeres Fläschchen gefunden, bevor irgendjemand von dem Zaubertrank getrunken hat. Nicht auszudenken, was da hätte passieren können!«

»Ich habe nichts vergiftet! Ich war das nicht! Papa, glaub' mir bitte! Ich würde so etwas nie tun!«

»Lola, dein Besen ist dort gesehen worden. Wer soll es denn dann bitte gewesen sein?«

»Wo ist dein Besen eigentlich?«, fragte die Oberhexe. »Ich muss ihn dir jetzt leider abnehmen. Gib ihn mir bitte!«

»Er ist weg …«, gab Lola kleinlaut vor sich.

»Wie weg?«, fragte Mama. »Wo ist er denn?«

»Ich weiß nicht. Ich habe vergessen, ihn abzuschließen, und dann hat ihn jemand gestohlen und jetzt ist er weg.«

»Lola, jetzt ist genau das passiert, wovor wir dich die ganze Zeit gewarnt hatten. Warum um alles in der Welt bist du nicht gleich zu uns gekommen?«, fragte Mama.

»Ich habe mich geschämt …«

»Hast du eine Ahnung, wer es gewesen sein könnte?«

»Gesa.«

»Gesa?«, fragte die Oberhexe. »Ich kann mir das gut vorstellen. Sie hasst Lola, weil sie die beste Prüfung abgelegt hat und sie selbst durchgefallen ist. Nur du, Lola, bist natürlich an der ganzen Sache schuld! Hättest du deinen Schlüssel abgezogen, hätte Gesa den Besen nicht stehlen können.«

Während Lola noch überlegte, was sie sagen konnte, kam die alte Kräuterhexe angelaufen. »Oberhexe! Oberhexe! Kommen Sie schnell! Irgendjemand hat meinen ganzen Kräutergarten vernichtet! Nicht ein Kräutchen ist mehr zu gebrauchen!«

Gleich darauf kam der Hirtenzauberer. »Oberhexe, schnell! Oberhalb des Berges hat jemand den Fluss gestaut. Dort hat sich schon ein riesiger See gebildet. Wenn der Damm aus losen Steinen bricht, wird das ganze Dorf überflutet!«

Dann kam der Müller. »So eine Katastrophe! Irgendjemand hat die Flügel meiner Mühle so stark angetrieben, dass sie vom Boden abhob und umstürzte. Womit soll ich denn jetzt das Korn mahlen?«, fragte er verzweifelt.

Lola wurde unter den strengen Blicken der Anwesenden immer kleiner. Sie konnte doch nicht ahnen, dass sie so eine Unglückswelle auslösen würde, nur weil sie den Schlüssel an ihrem Besen vergessen hatte.

Energisch stand die Oberhexe auf. »Wir müssen Gesa stoppen, bevor noch mehr Unheil passiert! Mit dir rede ich später weiter! Das wird auf alle Fälle Folgen für dich haben, das ist dir doch klar?«

Lola nickte.

Die Erwachsenen verließen eilig das Haus und Lola blieb wie ein Häufchen Elend alleine zurück.

Als alle außer Sichtweite waren, standen Lolas Freundinnen plötzlich vor ihr. Auch sie waren erschüttert, wollten ihr aber auf alle Fälle helfen. Doch wie? Wie war Gesa zu stoppen?

Mia sagte: »Ich weiß, wo Gesa ihr Geheimversteck hat. Vielleicht könnten wir sie dort überraschen?«

»Ich weiß nicht …« Lola seufzte.

»Moment mal!«, meinte Ria.

Die Mädchen steckten ihre Köpfe zusammen und heckten einen Plan aus. Gleich darauf verließen sie mit Lola deren Elternhaus.

Zuerst flogen sie zu Beas Onkel. Der war Fischer. Dort liehen sie sich ein großes Fischernetz. Dann flogen sie in die Nähe von Gesas Versteck. Leise kundschafteten sie aus, ob Gesa auch in der Höhle war.

Sie hatten Glück, aus der Höhle kam Rauch. Sie schien da zu sein.

Dann spannten sie das Fischernetz oben in die Bäume vor der Höhle. Zum Glück war das Netz kaum sichtbar. Als alles befestigt war, flogen sie vor die Höhle und riefen nach Gesa.

Die trat auch gleich heraus.

»Warum tust du das?«, fragte Lola.

»Was? Ich tue doch gar nichts. Ich sitze hier und koche mir eine Suppe.«

»Du weißt genau, was wir meinen«, sagte Mia. »Warum tust du Lola das an? Du bist doch selbst schuld, dass du die Prüfung nicht geschafft hast! Was du jetzt hier tust, ist mehr als gemein!«

Gesa grinste. »Ihr seid mir doch alle zu albern! Nur weil ihr euch nicht traut, mal einen Schabernack zu treiben, wollt ihr mir jetzt ein schlechtes Gewissen einreden. Aber das klappt nicht, das sage ich euch. So, und jetzt entschuldigt mich, ich habe noch zu tun.« Dann drehte sie sich um und ging in die Höhle zurück.

Während die Mädchen noch darüber nachdachten, was sie jetzt

tun konnten, sauste Gesa auch schon mit Schwung über ihre Köpfe hinweg.

Während sie ihnen noch zurief: »Tschüss, meine Lieben, ihr könnt mich ohnehin nicht stoppen!«, flog sie geradewegs in das ausgebreitete Fischernetz. Als sie es sah, war es bereits zu spät. Sie hatte sich mitsamt Lolas Besen hoffnungslos darin verheddert.

Das war die Chance für Lola und ihre Freundinnen!

Rasch flogen sie zu Gesa, lösten das Netz aus dem Bäumen und flogen direkt mit ihrem »dicken Fisch« zur Oberhexe.

Die staunte nicht schlecht über die Art und Weise, wie sich die Junghexen zu helfen gewusst hatten. Sie war wirklich stolz auf sie.

Da nicht nur Gesa, sondern auch Lolas Besen in dem Fischernetz hing, war leugnen zwecklos.

»Gesa, gestehst du deine Untaten und zeigst du Reue?«, fragte die Oberhexe mit strengem Ton.

»Ja, ich gestehe die Taten, aber ich bereue nichts! Es hat nämlich eine Menge Spaß gemacht.«

»Gesa, dein Verhalten in der ganzen letzten Zeit und das von heute veranlassen mich leider dazu, dich hiermit aus unserer Dorfgemeinschaft auszuschließen. Du hast genau eine Stunde Zeit, dich zu entschuldigen und zu versuchen, die Schäden wieder zu beheben, oder aber das Dorf so weit wie möglich zu verlassen. Solltest du dich für keine dieser Möglichkeiten entscheiden, wirst du nach Ablauf der Stunde in einen Baum verwandelt, der an unserer Lichtung stehen wird. Und jede Junghexe wird nach ihrer Prüfung mit ihrem Besen so dicht an dir vorbeifliegen, dass deine Blätter und Äste total zerzaust werden.«

»Phh!«, machte Gesa. »Mir doch egal!«

Die Junghexen befreiten sie aus ihrem Netz. Die Oberhexe nahm den Besen an sich, entzog Gesa ihre Zauberkräfte und zauberte sie zurück in ihre Höhle. Zu den Junghexen sagte sie: »Meine Lieben, ihr habt eure Sache wirklich gut gemacht. Ihr könnt jetzt nach Hause gehen. Ich finde es sehr wichtig, dass ihr Lola in dieser schweren Situation beigestanden habt, aber der Rest ist jetzt eine Sache zwischen Gesa, Lola und mir.«

Bedrückt zogen die Junghexen davon. Bea meinte noch: »Bestrafen Sie Lola nicht so doll.«

»Die Strafe wird vor allem gerecht ausfallen, das verspreche ich euch.« Zu Lola meinte sie: »Wir zwei warten jetzt, bis die Stunde vorbei ist und wir sehen, wie Gesa sich entscheidet. In der Zwischenzeit reden wir mal ein bisschen.«

Lola nickte.

Die Oberhexe nahm sie gehörig ins Gebet.

Währenddessen saß Gesa in ihrer Höhle. Sie war unschlüssig, was sie machen sollte. Einerseits wäre sie gerne aus diesem spießigen Dorf geflohen, andererseits wusste sie aber nicht, wohin. Außerdem hatte sie noch einige Scherze auf Lager, die sie gerne noch vollbracht hätte. Vor allem würde sie bei dem nächsten Besen, den sie stahl, das Nummernschild abmachen – oder noch besser: es gegen ein anderes tauschen.

Gesas böse Gedanken waren der Spiegel ihrer schwarzen Seele. Sie hatte nicht vor, sich zu ändern.

Dazwischen sah sie immer mal wieder zur Uhr. ›Ach, ist ja noch Zeit! Noch fast vierzig Minuten! Die Zeit reicht vielleicht noch, um etwas anzustellen?‹

Was Gesa aber nicht bedachte, war, dass zu dem Zeitpunkt, an dem die Oberhexe ihr die Zauberkraft entzogen hatte, ihre Uhr stehen geblieben war. Und dies wiederum bedeutete, dass sie keine vierzig Minuten mehr hatte, um sich zu entscheiden, sondern nur noch fünf. Umso erstaunter war sie, als in der Höhle plötzlich ein gewaltiger Sturm losbrach. Gesa wurde in die Höhe gewirbelt und zur Lichtung gebracht. Dort ließ der Sturm nach und Gesa stand wieder auf dem Boden. ›Na endlich!‹, dachte sie.

Gerade als sie sich die zerzausten Haare etwas richten wollte, bemerkte sie, dass ihre Hände zu Ästen mit Blättern wurden. Und das zerzauste Haar war ebenfalls Geäst. Sie wollte weglaufen, doch ihre Beine waren zu einem Stamm geworden, der fest verwurzelt in der Erde stand.

Erst jetzt wurde ihr bewusst, dass sie alle Chancen vertan hatte und dies die Strafe für ihr böses Tun war.

Lola bekam das alles in der Zauberkugel der Oberhexe mit. Irgendwie tat ihr Gesa sogar ein bisschen leid, aber sie hatte es ja offensichtlich nicht anders gewollt.

»So, Lola, nun zu dir … Dass du bestraft werden musst, ist dir doch hoffentlich klar.«

Lola nickte.

»Ich würde sagen, du sorgst zuerst dafür, dass die Schäden, die Gesa angerichtet hat, ganz schnell wieder behoben werden. Damit dir das aber nicht zu leicht gemacht wird, musst du ohne Zauberkräfte auskommen. Die bekommst du erst zurück, wenn alles wieder in Ordnung ist. Deinen Besen behalte ich während dieser Zeit. Dass du gerne auf deinem Baum sitzt und träumst, kann ich dir nicht verbieten. Solltest du aber dadurch erneut Schaden anrichten, wird dich das gleiche Schicksal wie Gesa ereilen. Also, träume, wenn du mit deiner Arbeit fertig bist, dann kann nichts passieren und keiner hat etwas dagegen! Hast du mich verstanden?«

Lola nickte.

»So«, sagte die Oberhexe, »dann gehe ich jetzt nach Hause. Das war ein anstrengender Tag und ich merke meine 234 Jahre auch schon in den Knochen.«

»Oberhexe?«

»Ja, Lola?«

»Darf mir jemand bei den Arbeiten helfen oder muss ich alles alleine machen?«

»Natürlich darf dir geholfen werden, aber ohne Zauberei! Sollte ich bemerken, dass jemand mit Zauberei nachgeholfen hat, wird die ganze Arbeit zunichte gemacht.«

»Alles klar. Ich habe verstanden.«

Lola war froh, dass jetzt alles vorüber war. Die nächsten vier Wochen war sie damit beschäftigt, die von Gesa verursachten Schäden zu beheben. Sowohl ihre Freundinnen als auch ihre Eltern halfen ihr, so gut sie konnten. Das meiste musste sie allerdings selber machen. Strafe musste halt sein …

Als alles wieder in Ordnung war, bekam sie – wie versprochen – ihre Zauberkraft und ihren Besen zurück.

Ihr erster Flug führte sie zu der Lichtung, an der Gesa jetzt als Baum stand. Sie hielt vor ihr an.

»Tut dir nicht leid, was passiert ist? Du hättest doch nicht so enden müssen, wenn du ein bisschen einsichtiger gewesen wärst.«

»Was heißt hier einsichtig?«, antwortete Gesa. »Du warst doch nur zu feige, dich gegen die Auflagen zu wehren, alte Schleimerin! Ich habe immer gemacht, was ich wollte. Hihihihihi!«

»Gesa, du bist und bleibst unbelehrbar!«

Dann stieg Lola auf ihren Besen und flog heim.

Als der Löwe Ludwig seine Mähne verlor

In Unterheim gibt es einen Zoo. Das ist eigentlich nichts Besonderes, viele Städte haben einen Zoo. Doch dieser ist sehr wohl etwas Besonderes, denn in diesem Zoo leben die Tiere nämlich frei und friedlich miteinander. Frei heißt: keine Käfige. Alle Tiere haben ihren Stall, in den sie abends schlafen gehen, den ganzen Tag über bewegen sie sich jedoch frei auf dem Zoogelände.

Dieser Zoo kann sich verständlicherweise kaum vor Besuchern retten. Wo hat man schon mal die Gelegenheit, eine Giraffe zu streicheln, ein Affenbaby zu knuddeln oder einem Tiger das Kinn zu kraulen? Diese Sachen gehen nur hier und ermöglicht haben das Ganze Herr Direktor Doktor Pulvermüller, kurz Pumü genannt, und Ludwig, der Löwe. Bei einer gemeinsamen Tasse Kaffee kam ihnen vor zwei Jahren die Idee dazu.

Zuerst musste geklärt werden, ob alle Tiere damit einverstanden waren und ob sie in der Lage waren, friedlich miteinander zu leben. Dies herauszufinden, war Ludwigs Aufgabe.

Natürlich waren alle begeistert.

Um die Genehmigung kümmerte sich Pumü. Das war schon etwas problematischer, denn bei den Behörden glaubte niemand daran, dass Tiere, die sich in der Wildnis auffressen, plötzlich Freunde werden könnten. Und dann die Affen und Vögel! Für die wäre es doch ein Leichtes, über die Mauer zu entkommen.

Hier musste Pumü seine ganze Überredungskunst einsetzen. Endlich wurde ihm gestattet, es für zwei Monate zu versuchen. Sollte bis dahin nichts vorgefallen sein, könnte es dabei bleiben.

Alle waren froh.

Ludwig stellte nun mit den Tieren die Regeln auf.

Erstens: Futter gibt es nur im Stall. Wer davon nicht satt wird, meldet sich bei Walter, dem Oberpfleger. Es wird keinem anderen Tier das Futter stibitzt.

Zweitens: Das Gelände des Zoos wird nicht verlassen, auch nicht von denen, die es problemlos könnten.

Drittens: Die Tiere greifen sich untereinander nicht an. Für eventuellen Ärger gibt es einen Ansprechpartner, der gemeinsam bestimmt wird.

Und weil sich alle einig waren, dass Ludwig das Ganze bisher sehr gut organisiert und auch für die Bedenken jedes Einzelnen ein offenes Ohr hatte, wählten die Tiere ihn zu ihrem Sprecher.

Als alles geregelt war, begann der Alltag. Es funktionierte einwandfrei. Kleine Reibereien zwischen den Tieren konnten von Ludwig geklärt werden. Pumü platzte jedes Mal fast vor Stolz, wenn wieder eine Zeitung ein Interview mit ihm machen wollte und dann noch ein Bild von ihm veröffentlichte. Und auch Ludwig war mächtig stolz darauf, der Chef der Tiere zu sein. Jeden Tag stolzierte er mit hoch erhobenem Kopf und frisch gebürsteter Mähne durch den Zoo. Ludwig war sich sicher, dass kein anderer Löwe jemals eine so schöne Mähne hatte wie er, und er pflegte sie mit Hingabe und Stolz. Ab und zu wurde er wegen seiner Eitelkeit veralbert, aber das ließ ihn kalt.

Aber eines Tages sollte sich alles ändern.

Die Affen, deren Lieblingsplatz die große Zoomauer war, sahen ein Plakat von einem Zirkus, der in der Stadt gastierte. Auf diesem Plakat war ein Löwe abgebildet. Dieser Löwe hatte eine riesige Mähne, viel schöner und dichter als Ludwigs.

Den Affen bereitete es natürlich großen Spaß, Ludwig die Neuigkeit sofort zu erzählen. »Ludwig! He, Ludwig!«, rief Felix, der Affenchef. »Draußen hängt ein Plakat mit dem Bild eines Löwen. Den kannst du dir mal ansehen! Dagegen ist deine Mähne nur ein kleiner Schmusepelz! Hihihi!«

»Und größere Zähne als du hat er auch!«, quasselte Kiki, das Affenkind, dazwischen.

Diese Mitteilung war natürlich der Renner im Zoo. Ruckzuck versammelten sich alle Tiere hinter dem Tor, um einen Blick auf das Plakat zu werfen. Als Ludwig daherkam, waren schon alle am Tor und keiner bemerkte ihn in der hintersten Reihe. Und so ziemlich alle waren sich darüber einig, dass der Löwe auf dem Bild eine schönere Mähne hatte als Ludwig. Und Zähne! Gar kein Vergleich!

Ludwig hustete.

Plötzlich schwiegen alle betreten.

»Na, dann lasst mich mal das Wundertier besichtigen!«, meinte er und schritt hoch erhobenen Hauptes durch die Menge.

Schweigend betrachtete er das Bild. Der andere Löwe war riesig, seine Mähne war riesig und seine Zähne auch. Ludwig wurde übel. Dass *ihm* so etwas passieren konnte! Da kam irgend so ein Löwe daher und stahl ihm die Schau!

»So schön ist der nun auch wieder nicht«, sagte er leise und ging nach Hause. Elsa, seine Frau, und die Kinder Tim und Tina folgten ihm wortlos.

»Mach' dir nichts draus!«, meinte Elsa. »Die beruhigen sich schon wieder. In drei Tagen ist der Zirkus verschwunden und mit ihm das Plakat. Keiner redet dann mehr darüber.«

»Deine Worte sind sehr aufbauend, ich danke dir. Du bist also auch der Ansicht, dass der andere schöner ist als ich? Und nicht nur das! Er lebt in einem Wohnwagen, sieht die ganze Welt und wird von der ganzen Welt bewundert. Ich lebe in einem Stall hinter hohen Mauern und muss mich auch noch veralbern lassen, weil ich auf ein gepflegtes Äußeres Wert lege. Lass mich jetzt bloß zufrieden!«, knurrte er grimmig und legte sich in sein Bett.

Auch die Versuche der Kinder, ihren Papa wieder aufzuheitern, schlugen fehl. Ludwig schlief unruhig. Das Bild des Löwen ging ihm nicht aus dem Kopf.

Am anderen Morgen bürstete er seine Mähne besonders gründlich und deshalb lagen anschließend auch besonders viele Haare im Waschbecken. Schnell ließ er sie verschwinden, bevor Elsa das sah.

»Bin bei Pumü«, sagte er knapp und verschwand.

»Hallo, Ludwig!«, sagte Pumü erfreut. »Du kommst wahrscheinlich wegen des Plakates.«

»Genau.«

»Komm rein und setz' dich erst einmal! Die Sache macht dir zu schaffen, das kann man sehen. Aber es ist doch nur ein Bild! Und Bild und Wirklichkeit passen oftmals nicht zusammen.«

»Weiß ich selbst«, murrte Ludwig, »aber ich will diesen Wunderlöwen sehen, wie er leibt und lebt! Kannst du mir dabei helfen?«

»Puh, Ludwig! Du weißt doch, dass ihr den Zoo nicht verlassen dürft. Wie soll ich das machen? Ich glaube nicht, dass ich dir helfen kann. In drei Tagen sind die wieder verschwunden und keiner denkt mehr daran.«

Ludwig war sauer.

»Nimm's doch nicht so schwer! Wird schon wieder, wirst sehen!«, sagte er und kraulte ihm den Kopf. »Du hast Haarausfall, Ludwig. Jetzt kriegst du eine Glatze, so, wie ich.« Pumü musste über seinen Scherz herzlich lachen. Ludwig war eher zum Weinen zumute. Wortlos stapfte er davon.

Als Pumü ins Wohnzimmer zurückkam, saugte seine Frau gerade die Haare auf, die Ludwig in der kurzen Zeit verloren hatte.

»Alles voller Haare!«, sagte sie zu ihrem Mann. »Die fallen ihm vor Kummer aus. Du musst ihm helfen! Sonst hat er keinen, der das könnte.«

Pumü setzte sich in seinen Sessel. Er hätte Ludwig gerne geholfen, wusste aber nicht, wie er das machen sollte, ohne gegen die von ihm selbst aufgestellten Regeln zu verstoßen.

Am nächsten Morgen kam Walter zu Pumü. Auch er machte sich große Sorgen um Ludwig. Von dem einst so stolzen Löwen war nicht mehr viel übrig. Sein Gang war müde und schleppend, sein Kopf hing fast auf dem Boden und von seiner schönen Mähne waren nur noch ein paar struppige Büschel übrig. Und fressen wollte er auch nicht mehr.

Der Zoo in Unterheim hatte ein Problem, sogar die Besucher machten sich Sorgen.

Plötzlich hatte Walter eine Idee. »Sag mal, Pumü, dass die Tiere den Zoo nicht verlassen dürfen, war doch nur so gemeint, dass keines der Tiere draußen herumlaufen soll, oder?«

Pumü nickte.

»Laufen«, sagte Walter. »Und fahren? Was ist mit fahren?«

»Mensch, Walter!«, rief Pumü begeistert. »Das ist es! Wir *fahren* Ludwig zu dem anderen Löwen! Doch wo bekommen wir so schnell einen LKW her? Der Zirkus ist nur noch zwei Tage in der Stadt.«

»Der Sohn meiner Freundin Gerda arbeitet in einer Spedition«, sagte Frau Pumü.

Rasch war geklärt, dass am nächsten Morgen zwischen 8 und 11 Uhr ein LKW frei war. Jetzt fehlte noch der Fahrer. Walter rief seinen Bruder Toni an, der LKW-Fahrer war. Auch er hatte am nächsten Morgen Zeit und wollte gerne helfen.

Punkt 8 Uhr am nächsten Morgen stand Toni mit dem LKW vor dem Tor. Ludwig stieg müde und traurig in das Auto. Walter setzte sich zu ihm. Auch Pumü war mit von der Partie.

Je näher sie aber dem Zirkus kamen, desto aufgeregter wurde Ludwig. Was würde der andere Löwe wohl zu ihm sagen, so, wie er jetzt aussah, ein Bild des Jammers? Und als ob Walter Gedanken lesen könnte, sagte er zu Ludwig: »Für mich bist und bleibst du der schönste Löwe auf der ganzen Welt!«

Ludwig lächelte ihn dankbar an.

Dann waren sie da.

Es war ganz anders, als Ludwig es sich vorgestellt hatte: Die wunderbare Manege war ein kleines, dreckiges Zelt mit tausend Flicken. Die schönen Wohnwagen waren uralt und verrostet. Und der herrliche Löwe? Ein älterer Herr, kaum noch Zähne im Maul und ein struppiges Fell. Auch die tolle Mähne war glanz- und kraftlos. Dass dieser Zirkus die ganze Welt bereist hatte, mochte Ludwig nun nicht mehr glauben.

»He«, sagte der Löwe zu Ludwig. »Ich bin Aaron und habe schon viel von dir gehört. Allerdings habe ich mir dich ganz anders vorgestellt. Mir wurde erzählt, du wärest der schönste und stolzeste Löwe weit und breit. So siehst du aber eigentlich nicht aus ...«

Ludwig, dem die ganze Zeit vor Staunen das Maul offen gestanden hatte, fand seine Sprache wieder. »Na, dasselbe habe ich von dir gehört. Passt aber auch nicht ganz zu dem, was ich sehe ...«

Da mussten die beiden herzhaft lachen.

Während sich die beiden Löwen nun unterhielten, kamen auch der Zirkusdirektor Herr Schmidt und Herr Pumü miteinander ins Gespräch. Es stellte sich heraus, dass dies das letzte Gastspiel des Zirkus' war.

Der Zirkus hatte kein Geld mehr, um die Tiere zu ernähren. Sie sollten alle verkauft werden. Außer Aaron gab es da noch die Ziege Susi, das Lama Werner, die Gänse Hänsel und Gretel und Flecki, den Hund.

Herr Pumü und Walter schauten sich kurz an. Sie dachten das Gleiche.

»Herr Schmidt«, sagte Pumü, »ziehen Sie doch mit Ihren Tieren zu uns in den Zoo! Wir haben jede Menge Platz und über dem Kassenhaus ist noch eine Wohnung frei. Die könnten Sie haben. Zudem bräuchten wir noch einen tüchtigen Tierpfleger.«

Herrn Schmidt standen vor Freude die Tränen in den Augen. »Ich nehme Ihr Angebot sehr gerne an. Ich frage aber noch schnell meine Familie und meine Tiere, was die davon halten.«

Die waren natürlich alle begeistert, zum einen, weil sie zusammenbleiben konnten, und zum anderen, weil sie von dem Zoo schon so viel Gutes gehört hatten. Und die Kinder von Herrn Schmidt hatten das Herumziehen von einer Stadt zur anderen auch satt.

»Und ihr zwei?«, wandte sich Pumü an Ludwig und Aaron. »Meint ihr, ihr kommt miteinander klar?«

Da antwortete Ludwig mit fester Stimme: »Pumü, schau' uns an! Zwei so prachtvolle Burschen wie wir kommen mit Sicherheit miteinander aus.«

»Prachtvoll?«, fragte Pumü. »Ihr findet euch prachtvoll? Na, dann kann ja nichts mehr schief gehen.«

Am übernächsten Wochenende zog Herr Schmidt mit seiner Familie und seinen Tieren im Zoo ein. Es klappte alles wunderbar. Die Kinder der Familie Schmidt freundeten sich rasch mit Pumüs Kindern an. Die Tiere lebten sich gut ein und verstanden sich auf Anhieb mit den anderen Zoobewohnern.

Und Aaron und Ludwig? Die beiden erholten sich zusehends. Ihr Fell wurde wieder glänzend und die Mähnen schöner, als sie jemals waren. Auch mit der Aufgabenteilung kamen die beiden bestens klar. Ludwig war weiter der Chef und marschierte nun auch wieder mit hoch erhobenem Kopf durch den Zoo, während Aaron sich lieber um die Streitereien zwischen den Tieren kümmerte und im Hintergrund blieb.

So nahm alles ein gutes Ende.

Philipp fliegt zum Mond

Philipp war gerade dabei, einzuschlafen, als er Stimmen hörte.

»Es gibt nur einen, der diese Sache erledigen kann.«

»Das stimmt, er ist der Beste.«

»Ja, Philipp Groben ist der Beste. Wir sollten ihn fragen.«

Philipp horchte auf. Philipp Groben – das war er. Was war hier los?

In diesem Moment hörte er: »Kontrollzentrum ruft Philipp Groben! Hallo! Kannst du uns hören?«

»Ja, ich höre euch gut. Was gibt's?«, antwortete Philipp.

»Dem Mann im Mond geht es sehr schlecht. Er hat starken Husten und jedes Mal, wenn er einen Hustenanfall bekommt, hüpft der ganze Mond auf und ab. Er braucht dringend eine Wärmflasche, einen guten Hustensaft und ein paar warme Pantoffeln. Könntest du das übernehmen?«, fragte der Mann aus dem Kontrollzentrum.

»Klar, kein Problem!«, antwortete Philipp. »Wann soll es losgehen?«

»Gleich. Mach' dich startklar!«

»Okay. Bin schon auf dem Weg.«

Philipp stieg aus seinem Bett und merkte erst jetzt, dass er statt seinem Schlafanzug einen Raumanzug anhatte, und dort, wo sein Kleiderschrank sonst stand, befand sich eine riesige Rakete.

Er setzte sich seinen Helm auf, stieg ein und schloss die Tür. Der Countdown begann: zehn, neun, acht, sieben, sechs, fünf, vier, drei, zwei, eins, Start frei!

Mit lautem Getöse hob die Rakete ab und nahm Kurs auf den Mond. Ein bisschen Angst hatte Philipp schon und von dem Geschaukel in der Rakete wurde ihm auch etwas übel. Aber er biss die Zähne zusammen, schließlich war er der Beste und der Beste hatte keine Angst und übel wurde ihm erst recht nicht.

Rasch sah er den Mond näher kommen und er sah auch, wie dieser dauernd auf und ab hüpfte. ›Armer Mann im Mond!‹, dachte Philipp noch, da war er auch schon da.

Der Mann im Mond hatte ihn schon erwartet. Er sah wirklich schlimm aus. Seine Nase war ganz wund und rot vom vielen Schnäuzen. Die Mülltonne quoll über vor lauter Papiertaschentüchern und dauernd musste er so schlimm husten.

»Hallo, lieber Mann im Mond! Ich bringe dir die Sachen, die du bestellt hast. Wo hast du dich nur so erkältet?«, fragte Philipp.

»Ach, mein Junge, meine Pantoffeln haben mittlerweile Löcher und hier oben gibt es keine neuen zu kaufen. Ich habe andauernd kalte Füße und wirklich warm ist es hier oben ja auch nicht. Aber jetzt bist du ja da und bringst mir neue Pantoffeln mit«, sagte der Mann im Mond mit einem gütigen Lächeln. »Nun wird es mir bald wieder besser gehen.«

Er nahm gleich einen großen Löffel von dem Hustensaft und zog seine neuen warmen Pantoffeln an. Philipp machte ihm noch rasch eine schöne Tasse mit heißem Tee und füllte die Wärmflasche mit heißem Wasser. Dann setzte sich der Mann im Mond in seinen Ohrensessel, packte die Wärmflasche auf seinen Bauch, deckte sich mit einer wollenen Decke gut zu und ruhte sich aus.

»Mir geht es schon viel besser«, sagte er. »Philipp, du bist ein guter Junge. Ich danke dir von ganzem Herzen.«

»War doch selbstverständlich«, antwortete Philipp etwas verlegen. »Wenn du wieder mal etwas brauchst, weißt du ja, wie du mich erreichst. Leider muss ich jetzt zurück. Ich wünsche dir noch gute Besserung.«

Bevor er in seine Rakete stieg, hob er noch einen Mondstein auf. »Als Andenken«, sagte er und nickte dem Mann im Mond noch einmal zu. Dann stieg er ein.

»Guten Rückflug!«, rief der Mann im Mond und winkte, als die Rakete startete.

Der Mond wurde kleiner und kleiner und die Erde größer und größer. Schon konnte Philipp seine Stadt sehen, dann sein Haus und schon war er wieder in seinem Zimmer gelandet. Etwas erschöpft, aber zufrieden krabbelte er aus der Rakete direkt in sein Bett.

Als seine Mutter ihn am nächsten Morgen rief, hatte er wieder den Schlafanzug an und dort, wo die Rakete stand, war jetzt wieder sein Kleiderschrank.

»Wie riecht es denn hier? Irgendwie verbrannt … Sobald du in der Schule bist, muss ich hier mal gründlich lüften!«, meinte sie. Dann betrachtete sie neugierig den Stein, der auf Philipps Schreibtisch lag. »Wo hast du den denn gefunden? So einen habe ich ja noch nie gesehen!«

»Ach, Mama«, meinte Philipp, »das ist eine lange Geschichte.«

Polli, das Marienkäfermädchen

Polli wohnte mit ihrer Familie bei der großen Tanne am Park. Sie war ein besonders hübsches Marienkäferchen. Ihre Flügel hatten ein wunderschönes Rot und die schwarzen Punkte waren gleichmäßig darüber verteilt. Wie alle Marienkäfer liebte sie Blumen und vor allem Kinder. Immer wenn sie ein Kind im Park sah, flog sie schnell hin und setzte sich auf seinen Arm, und wenn sie dann ein bisschen auf und ab lief, lachte das Kind, weil es kitzelte. Wenn sie dann noch bewundert wurde, weil sie so hübsch war, war sie ganz besonders stolz und das Rot ihrer Flügel leuchtete noch mehr.

Eigentlich war Polli ein sehr liebes Kind, sie hatte nur ein Problem: Sie wollte nicht hören. Viel lieber machte sie, wozu sie gerade Lust hatte. Wenn sie zum Beispiel ihr Zimmer aufräumen sollte, lag sie lieber auf dem Bett und telefonierte mit ihrer Freundin. Einmal hatte sie so viel Krempel auf dem Boden liegen, dass sie darüber stürzte und sich die Nase aufschlug.

Als sie jedoch mit blutender Nase nach unten kam und getröstet werden wollte, wurde sie nur verspottet.

»Suchmeldung! Suchmeldung!«, rief Anton, ihr ältester Bruder. »Polli ist verschwunden! Das letzte Mal wurde sie in ihrem Zimmer gesehen. Vermutlich ging sie im Müll verloren. Finderlohn!«

Die anderen lachten sich kringelig und Polli war sauer, aber aufräumen wollte sie trotzdem nicht.

Ein anderes Mal half sie Oma beim Kuchenbacken.

»Polli, nasch' nicht so viel von dem Teig, das gibt Bauchweh!«

Auch hier wollte sie nicht hören und immer wenn die Oma wegguckte, steckte sie sich ein Stück Teig in den Mund – und bekam prompt Bauchweh. Den Rest des Tages verbrachte sie im Bad.

Wieder konnte Anton den Mund nicht halten. »Suchmeldung! Suchmeldung!«, rief er durchs Haus. »Polli ist verschwunden! Das letzte Mal wurde sie im Bad gesehen. Vermutlich ist sie ins Klo gefallen.«

Die ganze Familie lachte und Polli war übel. ›Nächstes Mal nasche ich trotzdem wieder!‹, dachte sie.

Dann kam der Tag, an dem das starke Gewitter heranzog. Polli mochte zwar keine Gewitter, aber im warmen Regen herumfliegen, das mochte sie gerne, obwohl sie dies verboten bekommen hatte.

So war es auch diesmal. Kaum war das Gewitter weitergezogen und die Familie saß noch drinnen in der Stube, schlüpfte Polli durchs Kellerfenster ins Freie. Ach, wie war doch der Sommerregen so schön warm! Sie schlug Purzelbäume und Saltos und hörte nicht auf Mama und Papa, die sie mehrfach baten, hereinzukommen. Sie stellte die Ohren auf Durchzug und blieb so lange draußen, wie sie wollte.

Erst als ihr kühl wurde, kam sie rein. Papa wollte gerade schimpfen, aber ihm blieb der Mund offen stehen. Auch Mama, Oma, Opa und ihre drei Geschwister schauten erschrocken.

»Was ist denn jetzt los?«, fragte Polli. »Wärt ihr mal mit raus gegangen! Der Regen war so schön warm. Den meisten Spaß machen halt Sachen, die man eigentlich nicht machen soll.«

Sie nahm ein Handtuch und trocknete sich ab. Dass immer noch keiner etwas sagte, machte sie stutzig. Ferdi, ihr jüngerer Bruder, zeigte nur auf den Boden.

Polli erschrak. Auf dem Boden war alles rot und schwarz und am Handtuch auch. Erschrocken drehte sich Polli um und versuchte selbst, ihren Rücken anzuschauen. Dabei schaute sie in den Spiegel und was sie dort sah, erschreckte sie doch sehr: Ihre Flügel waren nämlich nicht mehr leuchtend rot mit schwarzen glänzenden Punkten, sondern einfach nur noch durchsichtig. Der Regen hatte die Farbe abgewaschen.

»Mama, Papa, was ist denn jetzt los? Helft mir! Was soll ich denn jetzt machen?« Polli war ganz verzweifelt.

»Was sollen wir tun?«, fragte Papa. »Wir haben dir oft genug gesagt, dass du nicht im strömenden Regen draußen herumtollen sollst. Marienkäfer sind Sonnentiere und keine Regentiere.«

»Ihr hättet mir ja auch sagen können, dass die Farbe der Flügel abgeht, dann …«

»Dann wärst du auch nicht drinnen geblieben«, meinte Anton.

»Außerdem«, sagte Oma, »wussten wir das selbst auch nicht. Von uns ist nämlich noch keiner im Regen extra draußen geblieben. Jeder normale Marienkäfer sucht sich schnellstmöglich einen Unterschlupf und kommt erst wieder raus, wenn alles vorbei ist.«

Polli rannte in ihr Zimmer und schloss sich ein. Sie wollte niemanden mehr sehen und hören wollte sie auch nichts. Auch Pollis Familie war ratlos. Ein Marienkäfer, der nicht mehr aussah wie ein Marienkäfer, würde es im Leben sehr schwer haben, so viel war allen klar. Doch wie sie Polli helfen konnten, wusste keiner.

Ihre Mutter meinte: »Sie wird lernen müssen, damit zu leben! Sie kann ja nicht ihr ganzes Leben in ihrem Zimmer verbringen. Vielleicht gibt es ja irgendwann eine Lösung …«

Polli brauchte eine ganze Woche, bis sie sich wieder aus ihrem Zimmer traute. Vorsichtig flog sie ins Freie. Die anderen Käfer, die sie sahen und schon wussten, was passiert war, lachten sie aus.

Polli war traurig. Trotzig flog sie zu einem Kind, das im Park spielte. ›Ich werde es euch schon zeigen!‹, dachte sie und setzte sich auf den Arm des Kindes. Als es Polli jedoch sah, stieß es einen Schrei aus. Die Mutter des Kindes scheuchte Polli mit einer so heftigen Bewegung weg, dass sie holterdiepolter ins Gras fiel.

Sie hörte die Frau noch sagen: »Igitt! Was war denn das für ein schrecklicher Käfer?«

Am liebsten wäre Polli noch einmal hingeflogen und hätte der Frau gesagt, dass sie ein Marienkäfer war, aber sie wusste ja selbst, dass sie nicht mehr so aussah.

So vergingen die Tage. Die anderen Tiere gewöhnten sich an die nun farblose Polli. Und auch sie selbst nahm ihr Schicksal an. Es tat ihr nur sehr leid, dass sie nicht auf ihre Eltern gehört hatte, dann wären ihnen und ihr eine Menge Probleme erspart geblieben.

Wenn abends ihre Geschwister von den Kindern erzählten, zu denen sie geflogen waren, und wie die sich gefreut hatten, wurde Polli immer sehr traurig, denn auch ihre weiteren Versuche, wieder zu Kindern Kontakt aufzunehmen, scheiterten, weil sie sofort verjagt wurde.

Bald flog Polli nur noch nach draußen, wenn kein Mensch in der Nähe war. Sie suchte sich die schönsten Blumen aus und landete dort. Hier verscheuchte sie niemand.

So kam es, dass sie am Rande des Parks einen Blumenkasten mit wunderbar duftenden Blumen entdeckte. Dort flog sie hin. ›Hier wird mich wohl keiner bemerken‹, dachte sie und krabbelte von einer Blüte zur anderen.

Was sie aber nicht wusste, war, dass direkt hinter dem Blumenkasten ein Fenster war und hinter diesem ein Schreibtisch stand. An diesem Schreibtisch saß Nicole. Statt ihre Hausaufgaben zu machen, betrachtete sie die Blumen und träumte vor sich hin. Plötzlich sah sie Polli. Sie beugte sich vor, um diesen komischen Käfer genauer zu betrachten.

Polli erschrak so sehr, als Nicoles Nase plötzlich ganz dicht vor ihr war, dass sie noch nicht einmal flüchten konnte. Sie blieb ganz still sitzen.

»Was ist denn das für ein sonderbarer Käfer?«, meinte Nicole zu sich selbst. »So einen habe ich ja noch nie gesehen!«

»Mich … mich … mich …«, stotterte Polli. »Mich gibt es ja auch nur ein Mal!«

»Hä? Wie nur ein Mal? Bist du vielleicht schon ausgestorben, so, wie die Dinos?«

»Nein, natürlich nicht. Oder sehe ich aus wie ein Dino?«

»Nein, eigentlich nicht. Aber wer weiß? Vielleicht habe ich heute eine Sensation entdeckt?«

»Nein, du hast keine Sensation entdeckt – nur einen Marienkäfer, dem die Farbe von den Flügeln gewaschen wurde …«

»Du bist ein Marienkäfer? So siehst du aber wirklich nicht aus.«

»Ich weiß. Das ist alles nur passiert, weil ich nicht auf meine Eltern hören wollte. Jetzt muss ich aber heim. War schön, dich kennen gelernt zu haben«, sagte Polli und hob ab.

»Kommst du morgen wieder?«, rief Nicole ihr nach.

»Mal sehen …«

Als Polli im Bett lag, musste sie noch einmal an das Mädchen denken. Das war seit langer Zeit das erste Mal, dass sie nicht verscheucht wurde und auch keiner Angst hatte, sie würde beißen oder stechen.

Hoffentlich war morgen schönes Wetter, dann würde sie tatsächlich noch einmal dorthin fliegen. Hoffentlich war das Mädchen auch da.

Mit diesen Gedanken schlief sie ein und träumte davon, irgendwann wieder ein schöner roter Marienkäfer mit schwarzen Punkten zu sein.

Auch Nicole ging die Begegnung mit Polli nicht aus dem Kopf. Von einem Marienkäfer, dessen Farbe abgewaschen wurde, hatte sie ja noch nie gehört. Ob das wohl wirklich stimmte? Aber wenn sie es sich genau überlegte, hatte sie auch noch keinen Marienkäfer im Regen gesehen. Vielleicht deshalb nicht, weil sich die Farbe abwaschen würde? Dann wäre das, was Polli gesagt hatte, die Wahrheit gewesen. ›Na, mal sehen, ob der Käfer morgen noch einmal vorbeikommt. Dann können wir ja darüber reden.‹

Polli hatte es am nächsten Tag plötzlich sehr eilig, nach draußen zu kommen.

Mama war sehr erstaunt. »Wo willst du denn auf einmal so eilig hin? Das ist ja schon ewig her, dass du es so eilig hattest.«

»Zu meiner Freundin ... Tschüss, Mama!«

Und weg war sie. Die Mutter schaute ihr staunend hinterher, war aber auch froh, dass Polli trotz ihres Aussehens offensichtlich wieder Freunde gefunden hatte.

Polli flog schnurstracks zu Nicole – und tatsächlich, die saß an ihrem Schreibtisch und wartete auf sie.

»Hallo, ich bin froh, dass du gekommen bist. Ich heiße übrigens Nicole.«

»Und ich heiße Polli.«

»Erzählst du mir, wie das mit deinen Flügeln passiert ist, oder bin ich zu neugierig?«

»Nein, nein, schon in Ordnung. Du kannst daraus ja etwas lernen.«

So erzählte Polli Nicole ihre ganze Geschichte und Nicole wurde immer nachdenklicher. »Aber irgendjemand muss dir doch helfen können? Das kann doch nicht sein«, sagte sie schließlich.

»Nein, es gibt keine Hilfe. Meine Familie hat schon alles probiert. Jeder, der davon hört, schüttelt nur den Kopf. So etwas kam halt noch nie vor, weil noch nie ein Marienkäfer im strömenden Regen draußen war. Oder hast du schon mal einen gesehen?«

Nicole schüttelte den Kopf. »Aber was ist, wenn wir deine Flügel mit einem roten Holzstift anmalen?«

»Der ist zu blass. Das haben meine Brüder schon probiert.«

»Und mit einem Filzstift?«

»Geht auch nicht. Die Farbe hält nicht auf den Flügeln. Das hat mein Opa schon probiert.«

Plötzlich kam Nicoles Mutter ins Zimmer. »Mit wem sprichst du die ganze Zeit? Hier ist doch niemand!«

»Ach, ich habe nur laut nachgedacht«, sagte Nicole und dabei fiel ihr Blick auf die roten Fingernägel ihrer Mutter. »Mama, hast du noch den knallroten Nagellack?«

»Ja. Warum?«

»Es gibt doch auch schwarzen. Hast du den auch?«

»Nein, den finde ich nicht so schön. Aber warum fragst du? Für rote Fingernägel bist du mir eigentlich noch etwas zu jung.«

»Nur so …«, meinte Nicole.

Kaum hatte ihre Mutter das Zimmer verlassen, sagte sie zu Polli: »Ich muss jetzt weg! Komm morgen wieder, ja? Ich habe eine Idee, die dir hilft. Wirst schon sehen.« Sie schnappte sich ihren Geldbeutel und verschwand.

Polli blieb etwas ratlos zurück. Wenn sie doch nur eine Ahnung hätte, was Nicole vorhatte! Sie flog nach Hause und konnte es nicht erwarten, bis sie am nächsten Tag wieder zu Nicole durfte. Hoffentlich hielt das Wetter.

Es hielt und Polli machte sich gleich am Nachmittag wieder auf den Weg zu Nicole. Die saß schon am Fenster und wartete. Vor ihr standen zwei Fläschchen mit Nagellack, eines mit rotem und eines mit schwarzem.

»So, meine liebe Polli, jetzt wirst du wieder ein richtiger Marienkäfer! Natürlich nur, wenn du willst …«

»Was hast du vor?«, fragte Polli.

»Ganz einfach. Ich male dir jetzt deine Flügel mit rotem Nagellack an. Wenn der trocken ist, male ich dir mit dem schwarzen Nagellack die Punkte drauf. Und wenn der dann trocken ist, bist du wieder ganz die Alte.«

»Und woher weißt du, wo die schwarzen Punkte hinkommen? Die haben doch eine bestimmte Anordnung.«

Nicole wedelte mit ihrem Biologiebuch. Dort war ein schönes großes Bild von einem Marienkäfer zu sehen.

Polli nickte. »Also gut, versuchen wir es! Aber mach' es schön sorgfältig!«

»Alles klar!«

Konzentriert trug Nicole zuerst den roten Nagellack auf. Als der trocken war, tupfte sie vorsichtig die schwarzen Punkte auf.

Wieder eine kurze Wartezeit und – fertig! Nicole betrachtete voller Stolz ihr Werk.

»Was ist? Warum sagst du nichts?«, fragte Polli ängstlich. »Hat wohl nicht geklappt?«

Nicole sagte nichts. Sie holte ihren kleinen Taschenspiegel und hielt ihn Polli vor die Nase. Die drehte sich vorsichtig um und stieß einen Freudenschrei aus. »Hurra! Super! Das sieht ja toll aus und glänzt so schön!« Polli war außer sich vor Freunde. Sie bedankte sich mit einem dicken Kuss bei Nicole und flog einen Salto nach dem anderen.

»Hör' auf! Dir wird noch schlecht!«

»Ich bin so froh! Das sieht ja noch besser aus als vorher«, sagte Polli.

»So«, meinte Nicole. »Jetzt machen wir mal eine Probe. Wir gehen raus in den Park und du fliegst zu einem Kind. Mal sehen, wie es reagiert.«

Gesagt, getan.

Das Kind gluckste vor Vergnügen, weil das hübsche Marienkäferchen es am Arm kitzelte. Polli war überglücklich.

»Ich muss jetzt heim und mich meiner Familie zeigen! Kommst du mit?«

Nicole wollte nicht so recht.

»Bitte, komm mit! Es ist gleich da hinten. Ich will dich meinen Eltern vorstellen. Bitte!«

»Na gut. Aber nur kurz, denn es sieht nach Regen aus.«

Pollis Familie war total begeistert. Sie sah wieder aus wie eine von ihnen. Alle wollten von Nicole wissen, wie sie auf diese Idee kam.

Sie plauderten noch ein bisschen und Nicole musste versprechen, die Marienkäferfamilie bald wieder zu besuchen.

Gerade als sie nach Hause gehen wollte, fielen die ersten Tropfen.

»Ich begleite Nicole noch nach Hause«, sagte Polli und flog zur Tür hinaus.

»Polli! Nein!«, rief die Mutter ihr hinterher und schlug die Hände über dem Kopf zusammen.

Da drehte sich Polli um und rief ihr zu: »Mach' dir keine Sorgen, Mama! Dank Nicole ist die Farbe auf meinen Flügeln jetzt nämlich wasserfest!«

Da fingen alle an zu lachen.

Sonja und Silbertröpfchen

Sonja lief schon eine ganze Weile im Garten umher, als sie unter dem Apfelbaum etwas Glitzerndes liegen sah. Neugierig kam sie näher.

»Oh, ein Püppchen!«, rief sie und hob es vorsichtig auf.

Es war ein schönes Püppchen – nein, eigentlich war es einmal ein schönes Püppchen gewesen. Die silbernen Haare waren total zerzaust, Gesicht, Hände und Beine verschmutzt, das silberne Kleidchen zerrissen und ein Flügel gebrochen. Mama würde jetzt sagen: »Wirf es weg, das ist anderer Leute Müll!« Aber Sonja gefiel das Püppchen trotzdem.

Wie sie es so anschaute, sagte sie zu sich selbst: »Wie kommst du eigentlich in unseren Garten und wer hat dich so zugerichtet?«

Da schlug das Püppchen die Augen auf und sagte: »Ich bin jede Nacht in deinem Garten und schuld sind die Trolle!«

Sonja ließ die Puppe vor Schreck fallen.

»Aua!«, rief sie. »Warum lässt du mich fallen? Jetzt tun mir nicht nur die Beule an meinem Kopf und das aufgeschlagene Knie weh, sondern es schmerzt auch noch mein Po!«

Eine Puppe, die einige Sätze sagen konnte und die Augen auf und zu machte, hatte Sonja, aber eine, die ihr eine Frage beantworten konnte und richtig mit ihr sprach, noch nicht. Gab es so etwas überhaupt? Sonja fürchtete sich ein wenig.

»Wer bist du und was machst du hier?«

»Ich bin eine Fee. Mein Name in Silbertröpfchen. Meine Schwestern und ich sind eigentlich jeden Abend in eurem Garten und sammeln Nektar und Tau. Aber gestern wurden wir von den Trollen überrascht. Sie wollten uns fangen. Auf der Flucht prallte ich gegen den Apfelbaum und fiel auf die Erde. Zu meinem Glück kam gerade eine große schwarze Katze vorbei. Die hat die Trolle verscheucht. Dann kann ich mich an nichts mehr erinnern. Und jetzt will ich heim zu meinen Schwestern und meinen Eltern. Die machen sich bestimmt schon große Sorgen.«

»Das glaube ich dir«, antwortete Sonja. »Aber mit einem gebrochenen Flügel kommst du bestimmt nicht weit. Der muss erst wieder heilen.«

Jetzt erschrak Silbertröpfchen. »Eine Fee, die nicht fliegen kann …«, fing sie an zu weinen. »Eine Fee, die nicht fliegen kann, ist doch keine Fee! Und wie komme ich jetzt wieder nach Hause? Ich will heim – sofort!« Trotzig schlug sie mit ihren Flügeln und tatsächlich – sie hob ein Stück von Sonjas Hand ab. Aber plumps, landete sie wieder unsanft auf dem Boden.

»Ich habe dir doch gesagt, dass einer deiner Flügel gebrochen ist! Ein Vogel mit gebrochenem Flügel kann nicht fliegen und eine Fee offensichtlich auch nicht. Das muss geschient werden und braucht Zeit zum Heilen, ob es dir passt oder nicht! Außerdem tust du dir nur unnötig weh.« Sonja nahm Silbertröpfchen vorsichtig in ihre Hand und ging nach drinnen. In ihrem Zimmer sah sie sich kurz um, dann hatte sie eine Idee.

»Weißt du was? Du kannst, bis du wieder fit bist, in meinem Puppenhaus wohnen. Das ist komplett eingerichtet – mit Bad und Küche und einem weichen Bett. Was hältst du davon?«

»Bleibt mir ja nichts anderes übrig …«, meinte Silbertröpfchen.

»Sei nicht so traurig! Wir zwei machen es uns gemütlich hier und wenn du wieder gesund bist, kannst du ja zurück nach Hause.«

Sonja war selig. Wenn sie das morgen in der Schule erzählte, dass sie eine Fee hatte, dann würde sie von allen anderen Mädchen beneidet und alle wollten dann bestimmt zu ihr kommen, um Silbertröpfchen zu sehen. Aber nur ihre beiden besten Freundinnen Carola und Silvia würden sie sehen dürfen. Sie malte sich gerade noch aus, wie die anderen bettelten, um auch einmal zu ihr nach

Hause kommen zu dürfen, als Silbertröpfchen sagte: »Was du da vorhast, klappt nicht.«

»Was klappt nicht?«, fragte Sonja.

»Na, dass du mich deinen Freundinnen zeigst …«

»Woher weißt du das?«, fragte Sonja erstaunt.

»Kann ich mir denken«, antwortete Silbertröpfchen. »Aber normalerweise könnt ihr Menschen uns Feen überhaupt nicht sehen. Oder hast du vor mir schon mal eine gesehen?«

Sonja schüttelte den Kopf.

»Siehst du? Du kannst mich jetzt nur sehen, weil ich bewusstlos war und du mich gefunden hast.«

›Schade‹, dachte Sonja. ›Ich wäre der Star in der Klasse gewesen. Na ja, dann halt nicht.‹ Außerdem ging es ja nicht um sie, sondern um Silbertröpfchen und wie sie ihr helfen konnte.

»Komm«, sagte sie zu Silbertröpfchen. »Zuerst versorgen wir mal deine Wunden. Ich glaube allerdings, zuerst solltest du mal baden und deine Haare waschen, damit man sieht, was Dreck ist und wo die Wunden sind.«

Silbertröpfchen nickte. »Wie du meinst …«

Sonja füllte warmes Wasser mit einem Tröpfchen Badeschaum in die Badewanne im Puppenhaus und legte das Bademäntelchen dazu. Dann setzte sie Silbertröpfchen auf den kleinen Stuhl im Bad.

Während die Fee das warme Bad genoss, suchte Sonja saubere Kleider für sie heraus und machte das Puppenbett frisch.

Als Silbertröpfchen sauber und frisch angezogen war, ging es ihr gleich besser. Die Kleider von Sonja waren zwar nicht so schön wie ihre eigenen, aber auch nicht schlecht.

»So«, sagte Sonja, »jetzt zu deinen Wunden.«

Auf das aufgeschlagene Knie trug sie einen Tupfer Wund- und Heilsalbe auf und klebte ein Pflaster darüber. Das Pflaster war natürlich so groß, dass sie es zwei Mal um Silbertröpfchens Bein wickeln konnte. Für die Beule am Kopf hatte Sonja einen Eiswürfel gebracht. Den musste sich Silbertröpfchen fest auf die Stelle drücken. Den gebrochenen Flügel schiente sie mit einem Streichholz und einem Stückchen Klebestreifen.

In diesem Moment kam die Mama in Sonjas Zimmer. »Wozu hast du denn eben den Eiswürfel gebraucht und das Pflaster? Und hast du nicht gerade mit jemandem geredet?«

»Jaaaa … hmmm … Mit meiner Puppe, weißt du? Die hat sich wehgetan. Aber jetzt ist es schon wieder besser.«

»Soll ich mir das mal anschauen?«, fragte die Mutter und kam näher.

»Nein, ist schon alles in Ordnung, Mama. Du kannst wieder runtergehen.«

Die Mutter schaute etwas erstaunt und schüttelte den Kopf. »Wenn du meinst … Gleich ist das Essen fertig. Kommst du dann bitte?«, sagte sie und ging.

»Hat die mich erschreckt!«, flüsterte Sonja Silbertröpfchen zu. »Ich geh aber jetzt besser runter, bevor sie noch einmal raufkommt. Du kannst dich derweil ja in deinem neuen Haus umschauen. Hast du eigentlich auch Hunger? Was essen denn Feen überhaupt?«

»Wir ernähren uns von Nektar und Blütenpollen, aber das wirst du wohl nicht haben. Aber wenn du mir ein Tröpfchen Honig in Wasser auflösen könntest, das geht auch.«

»Wird sofort erledigt! Bis gleich, Silbertröpfchen!«

Sonja verschwand in Richtung Küche.

Silbertröpfchen humpelte durchs Puppenhaus. Hier war es wirklich schön, alles wie in einem richtigen Haus, sogar Blumenkästen auf den Fensterbänken. Für eine Weile würde sie es hier bestimmt aushalten.

Sie legte sich auf das Bett und schlief auch sofort ein. Als sie wieder aufwachte, stand ein Gläschen mit Honigwasser für sie bereit.

»Mmhh! Schmeckt super! Da ich nun eine Weile bei dir bleiben muss, könnten wir doch etwas spielen, oder?«

»Klar, gern! Aber erst muss ich meine Hausaufgaben machen.«

Mit einem Satz war Silbertröpfchen auf Sonjas Heft. »Ich helfe dir! Ich bin gut in der Schule, besonders beim Rechnen.«

»Ich leider nicht«, sagte Sonja. »Aber vielleicht klappt es ja gemeinsam besser.«

Die Tage vergingen. Silbertröpfchen half Sonja jeden Tag bei den Hausaufgaben und plötzlich verstand Sonja sogar die Aufgaben, die ihr weder die Lehrerin noch Mama und Papa erklären konnten. Dafür versorgte Sonja Silbertröpfchens Wunden so gut, dass sie schon fast verheilt waren. Sogar ihren gebrochenen Flügel konnte sie schon wieder ein bisschen bewegen. Auch ihr Kleidchen hing gewaschen und repariert im Kleiderschrank.

Sonja und Silbertröpfchen verstanden sich prima. Sie wurden richtige Freundinnen. Sie spielten viel miteinander. Silbertröpfchen verstand Sonjas Sorgen besser, als es ihre menschlichen Freundinnen jemals konnten.

Vor dem Einschlafen erzählte sie Sonja immer von ihrem Leben im Wald bei den Feen. Doch Sonja bemerkte auch, dass Silbertröpfchen immer trauriger wurde.

»Was hast du?«, wollte sie wissen. »Du fühlst dich doch wohl hier und wir sind Freundinnen geworden. Warum bist du traurig?«

»Ach, Sonja, ich habe dich wirklich lieb und mir gefällt es hier auch gut, aber ich habe Heimweh nach meinen Eltern und nach meinen Schwestern. Ich will wieder heim. Bitte sei mir nicht böse.«

»Ich bin dir nicht böse«, sagte Sonja mit tränenerstickter Stimme. »Ich wusste ja, dass es nicht für immer ist. Aber ich habe dich doch lieb und will dich nicht verlieren.«

Als Sonja ein paar Tage später aus der Schule kam, war Silbertröpfchen nicht mehr im Puppenhaus. Sonja wurde ganz komisch. ›Sie ist weg!‹, dachte sie. ›Sie ist einfach weg!‹

»Hallo, Sonja!«, hörte sie nun Silbertröpfchens Stimme. »Hier bin ich! Ich kann wieder fliegen! Ich bin wieder ganz gesund! Jetzt kann ich nach Hause!«

»Du bist noch nicht gesund, du musst dich noch schonen! Der Weg ist viel zu weit und vielleicht kommen wieder die Trolle ...«

Silbertröpfchen setzte sich auf Sonjas Schulter und legte ihren Kopf an ihre Wange. »Sonja, du bist und bleibst meine liebste Freundin, aber ich muss nach Hause. Stell dir mal vor, du wärst an meiner Stelle. Würdest du dann nicht auch irgendwann wieder heim wollen?«

Sonja liefen dicke Tränen die Wangen hinunter. Sie nickte. »Aber ... aber ich habe Angst, dass ich dich nie wiedersehe und dass du mich vergisst! Das könnte ich nicht aushalten.«

»Ich komme dich ganz oft besuchen, das verspreche ich dir, und vergessen werde ich dich niemals! Heute Abend fliege ich heim, aber schon morgen Abend komme ich dich besuchen, versprochen!«

Sonja nickte. Sie setzte sich mit Silbertröpfchen auf ihr Bett und weinte still vor sich hin. Irgendwann schlief sie ein.

Als sie am anderen Morgen aufwachte, war Silbertröpfchen verschwunden. Auf ihrem Bett lag ein ganze Handvoll Silbertröpfchen und auf einem Zettel stand: »Hallo, Sonja, das sind deine Tränen. Jedes Mal, wenn du an mich denkst und weinen musst, verwandeln sich deine Tränen in Silbertröpfchen. Und immer wenn du eines in der Hand schmelzen lässt, komme ich dich in der darauffolgenden Nacht besuchen. Alles Liebe, dein Silbertröpfchen!«

Sonja musste wieder weinen und so entstanden viele weitere Silbertröpfchen.

Als es abends dunkel war und Sonja gerade einschlafen wollte, hörte sie eine ihr bekannte Stimme. »Hallo, Sonja! Ich bin's! Schläfst du schon?«

»Hallo, Silbertröpfchen! Danke für die Sache mit den Tränen. Da kommen bestimmt noch einige dazu. Wie war es zu Hause? Erzähl' schon!«

Silbertröpfchen erzählte Sonja von der Suchaktion, die ihre Eltern und Geschwister gestartet hatten, und dass sie keine Hoffnung mehr hatten, Silbertröpfchen wiederzusehen. Und wie erstaunt sie waren, als sie plötzlich wieder da war. Und natürlich wollten sie alles über Sonja wissen, schließlich fürchten sich Feen normalerweise vor Menschen.

Die Eltern von Silbertröpfchen wollten Sonja zwar gerne kennen lernen, trauten sich aber nicht hierher.

»Tja, das ist so ein Problem, das ich noch nicht lösen kann«, meinte Silbertröpfchen.

»Warum nimmst du mich nicht einfach mal mit zu dir? Ich würde das Feendorf so gerne einmal sehen und auch deine Familie kennen lernen!«

»Sonja, du bist zu groß und kannst auch nicht fliegen. So kommt man dort nicht hin.« Plötzlich aber sprang Silbertröpfchen auf. »Ich habe eine Idee! Ich muss schnell zu Papa!« Und weg war sie.

»Aber du bist doch gerade erst gekommen ...«, wollte Sonja ihr noch hinterherrufen, aber es war zu spät.

Am nächsten Abend kam Silbertröpfchen wieder.

»He, gestern hattest du es aber eilig! Geht man so mit einer alten Freundin um?«, sagte Sonja schelmisch.

»Nein, tut mir leid, aber ich musste ganz dringend mit meinen Eltern reden. Hast du eigentlich heute Nacht schon etwas vor?«

Sonja stutzte. »Wie etwas vor? Was soll ich denn nachts vorhaben? Wie meinst du das?«

»Lass dich überraschen! Mach' die Augen zu!«

Plötzlich wurde es Sonja ganz sonderbar zumute. Es kribbelte in ihrer Nase und sie fühlte sich so leicht. Als sie die Augen öffnete, konnte sie fliegen. Sie war eine Fee!

»Deshalb musste ich gestern so schnell nach Hause. Das ist das Dankeschön meiner Familie an dich, weil du mich gerettet hast. Für heute Nacht bist du eine Fee und kannst mit mir ins Feendorf kommen. Dort warten schon alle auf dich. Los, komm! Der Zauber hält nur bis 2 Uhr an, dann musst du wieder zu Hause sein.«

Sonja konnte ihr Glück kaum fassen. Sie war eine Fee! Zuerst musste sie eine Runde durch ihr Zimmer drehen und dann ins Puppenhaus, um Silbertröpfchens ehemalige Wohnung aus ihrer Sicht zu betrachten.

»Jetzt aber los, bevor der Zauber verlischt!«

Silbertröpfchen nahm Sonjas Hand und flog los. Zuerst über die Dächer der Stadt, dann über die große Wiese und in den Wald hinein. Sonja war es unheimlich, aber Silbertröpfchen hielt ihre Hand ganz fest.

Als man durch die Bäume das bunte Licht schimmern sah, waren sie auch schon da.

Die ganzen Feen waren auf dem Marktplatz versammelt, um Sonja kennen zu lernen. Sie klatschten und jubelten, als die zwei landeten. Sonja war ganz gerührt.

Die Feen hatten ein großes Fest vorbereitet und Sonja war der Ehrengast. Es gab die wunderbarsten Speisen und Getränke, die Sonja jemals gegessen und getrunken hatte, und das Licht im Dorf war einmalig. Alle wollten von Sonja die Geschichte von Silbertröpfchens Rettung hören. Es wurde gefeiert und gelacht. Viel zu schnell verging die Zeit.

Um 1.50 Uhr sahen sich Sonja und Silbertröpfchen an. »Wir müssen los!«, sagten sie.

Silbertröpfchens Eltern bedankten sich nochmals bei Sonja, dann flogen die Freundinnen zurück in die Welt der Menschen.

Punkt 2 Uhr lag Sonja wieder in ihrem Bett und schon war der Zauber vorbei – aus der Fee für einen Abend wurde wieder die menschliche Sonja, die sofort in einen tiefen Schlaf fiel. Sie träumte noch die ganze Nacht von ihrem Erlebnis.

Als sie am nächsten Morgen erwachte, war ihr klar, dass Silbertröpfchen für immer ihre beste Freundin bleiben und sie sich niemals mehr aus den Augen verlieren würden – auch wenn jede in ihrer eigenen Welt lebte.

Tobis neue Stiefel

Tobias hatte neue Stiefel bekommen. »Atmungsaktiv, wasserfest und superleicht«, hatte die Verkäuferin zu Mama gesagt und zu Tobi: »Damit kannst du springen wie ein Känguru.«

Was die Erwachsenen immer alles erzählen? Atmungsaktiv? Damit konnte Tobi nichts anfangen. Wasserfest und superleicht verstand er schon eher und die Sache mit dem Känguru glaubte er natürlich nicht. Schließlich war er schon in der zweiten Klasse, da glaubt man nicht mehr alles, was die Großen erzählen.

Als sie wieder zu Hause waren, wollte Tobi noch ein bisschen draußen bleiben.

»Schau' auf die Kirchturmuhr! Es ist jetzt 15.30 Uhr. Um 17 Uhr kommst du bitte rein«, sagte Mama.

Tobi lief ein bisschen auf der Straße hin und her. Die neuen Stiefel waren wirklich bequem und so leicht. Man glaubte, man würde schweben. Tobi wollte die Bordsteinkante hochspringen. Uups! Was war das? Er sprang so hoch, dass er über Meiers Hecke sehen konnte, und die war gut zwei Köpfe höher als er. Das musste er gleich noch einmal probieren. Tatsächlich, es funktionierte wieder. Jetzt mal ein paar Schritte gehen! Ehe er sich versah, war Tobi vorne an der Straßenecke – mit drei Schritten!

›Das gibt's doch gar nicht!‹, dachte Tobi. ›Hatte die Verkäuferin doch Recht?‹

Er lief weiter und schwups war er in der Straße, in der Oma wohnte. Normalerweise brauchte er für diese Strecke knapp zehn Minuten, jetzt noch nicht mal eine!

Bei Oma stand das Küchenfenster offen. ›Mal sehen, was sie Gutes kocht‹, dachte Tobi. Es sprang über das Gartentor und von da auf den Balkon. Dort klopfte er. Oma öffnete ein wenig erstaunt.

»Wie kommst du denn auf den Balkon?«

»Hochgesprungen. Backst du etwa Pfannkuchen? Kann ich welche haben?«

»Gerne. Aber was meinst du mit hochgesprungen? Ist doch viel zu hoch zum Hochspringen.« Omi schüttelte den Kopf. ›Der Junge kommt auf Ideen!‹ Dann musste sie sich aber wieder um ihr Essen kümmern.

Tobi schmeckten die Pfannkuchen mit Nougatcreme super lecker. Er aß drei Stück.

»Omi, ich muss wieder!«, rief er und schon war er auf dem Balkon und von dort im Garten und auf der Straße.

Bis Omi kapiert hatte, was los war, war Tobi schon wieder verschwunden. Omi war fassungslos. Das musste sie gleich nachher Opi erzählen. Hoffentlich glaubte er ihr das.

›Eigentlich‹, dachte Tobi, ›könnte ich noch schnell bei Christian vorbeispringen.‹

Christian war Tobis bester Freund. Er wohnte mit seinen Eltern im vierten Stock eines Hochhauses. Meistens nahm Tobi den Aufzug, weil ihm die Treppen zu viel waren. Heute jedoch waren ihm die Treppen zu wenig. Mit vier Sprüngen war er schon an der Wohnungstür.

Christian öffnete mit total verweinten Augen.

»He, was ist denn mit dir los?«, fragte Tobi.

»Ach, alles ist so schrecklich! Heute hat mit doch Tante Gisela von der Schule abgeholt, weil Mama mit Silvia beim Arzt war und Papa den ganzen Tag arbeiten muss. Dort habe ich dann meine Hausaufgaben gemacht und vorhin hat mich Onkel Klaus nach Hause gefahren. Und jetzt habe ich erst bemerkt, dass mein Ranzen noch bei Onkel Klaus im Auto liegt, und der ist jetzt auf seiner Arbeit. Bis der morgen früh nach Hause kommt, hat die Schule schon längst angefangen und ich kann meine Aufgaben nicht vorzeigen und bekomme eine Strafarbeit.«

»Kann denn Onkel Klaus nicht kurz zu seinem Auto kommen und deiner Mama den Ranzen geben?«

»Die Arbeitsstelle ist am anderen Ende der Stadt. Bei dem Verkehr, der jetzt herrscht, braucht sie mindestens dreißig Minuten für einen Weg, und meine Schwester ist krank. Mama mag sie nicht so lange mit mir alleine lassen und ich hätte auch Angst alleine. Ach, es ist alles so schrecklich! Du weißt doch, dass Frau Gerber böse wird, wenn jemand seine Aufgaben nicht vorlegen kann.« Christian brach erneut in Tränen aus.

Tobi überlegte kurz. Er schaute auf die Wanduhr. Es war 16.30 Uhr. Noch eine halbe Stunde, bis er zu Hause sein musste. Er hatte keine Zeit zu verlieren.

»Muss mal kurz weg! Bin gleich wieder da!«, sagte er zu Christian und verschwand.

Er wusste, wo die Firma von Onkel Klaus war. Noch keine fünf Minuten später stand er auf dem Parkplatz. Onkel Klaus hatte den Ranzen in seinem Auto auch schon bemerkt und das Auto vorsichtshalber offen gelassen. Tobi setzte ihn auf seinen Rücken und machte sich mit Riesensätzen auf den Rückweg.

Um 16.45 Uhr stand er wieder in Christians Zimmer.

Christians Mama ging es wie Tobis Oma. Auch sie verstand die Welt nicht mehr. Wie konnte der Junge diese Strecke so schnell zurücklegen?

»Ich bin gelaufen«, war Tobis ganze Antwort auf ihre Frage.

Christian war es egal. Er hatte seinen Ranzen wieder und konnte morgen ganz ruhig in die Schule gehen. »Danke, Tobi. Du bist ein wahrer Freund.«

»Bitte, gern geschehen! Du hast mir ja auch schon geholfen. Aber jetzt muss ich mich beeilen, ich muss um 17 Uhr zu Hause sein.«

»Das schaffst du doch nie«, meinte Christians Mama.

»Doch, doch. Bis morgen!« Und schon war Tobi verschwunden.

Punkt 17 Uhr war Tobi zu Hause.

»Bin da, Mama!«, rief er und verschwand in seinem Zimmer.

Mama war am Telefon. Tobi zog seine neuen Stiefel aus und stellte sie ordentlich neben sein Bett. Dann legte er sich hin.

»Tobi?« Mama kam in sein Zimmer. »Tobi, ich hätte da mal ein paar Fragen. Omi hat vorhin angerufen und eben Christians Mama. Da gibt es ein paar Sachen, die ich nicht verstehen kann.«

Tobi hörte Mamas Stimme noch von Weitem, murmelte etwas Unverständliches und schlief dann ein – schließlich hatte er einen anstrengenden Nachmittag hinter sich.